图书馆档案管理工作理论与创新研究

沈以庄　著

吉林科学技术出版社

图书在版编目（CIP）数据

图书馆档案管理工作理论与创新研究 / 沈以庄著
. -- 长春 ： 吉林科学技术出版社， 2023.6
ISBN 978-7-5744-0713-8

Ⅰ． ①图… Ⅱ． ①沈… Ⅲ． ①图书馆管理－档案管理
－研究 Ⅳ． ① G251

中国国家版本馆 CIP 数据核字（2023）第 137672 号

图书馆档案管理工作理论与创新研究

著　　　沈以庄
出 版 人　宛　霞
责任编辑　李万良
封面设计　树人教育
制　　版　树人教育
幅面尺寸　170mm×240mm
开　　本　16
字　　数　300 千字
印　　张　13.75
印　　数　1–1500 册
版　　次　2023年6月第1版
印　　次　2024年2月第1次印刷

出　　版　吉林科学技术出版社
发　　行　吉林科学技术出版社
地　　址　长春市福祉大路5788号
邮　　编　130118
发行部电话/传真　0431-81629529 81629530 81629531
　　　　　　　　　 81629532 81629533 81629534
储运部电话　0431-86059116
编辑部电话　0431-81629518
印　　刷　三河市嵩川印刷有限公司

书　　号　ISBN 978-7-5744-0713-8
定　　价　85.00元

前　言

　　档案管理工作是用科学的理论和方法管理档案，提供档案为各级党政机关、社会组织和个人服务的工作。档案管理工作的基本任务是收集齐全、妥善保管、整理加工和开发利用各种门类和载体的档案，不仅为档案形成者的各项管理工作服务，而且应承担起记录历史、传承文化的社会重任。

　　随着信息技术的发展，档案管理工作的理念早已发生了翻天属地的变化，无论在政策制定、方法改进、技术提升上，还是设备配置、人员结构上，因此，在大数据时代背景下，我国的档案管理工作需要在新的理念指导下，以创新的模式不断改革，更好地适应时代需求。

　　本书在撰写的过程中，引用了部分专家、学者的一些研究成果和著述内容，笔者在此表示衷心的感谢。由于笔者水平有限，书中难免会有缺点和错误，恳请广大读者批评指正。

目　录

第一章　档案管理概述

第一节　档案的形成、分类和作用

　　档案是社会组织或个人在工作活动中采用书写、绘制、拍照、录音、录像等方式记载，并保存下来供查考的原始信息。档案的历史可谓源远流长。根据考古证实，我国现存最古老的甲骨档案出现在公元前14世纪前后的殷商时期，至今已经存在了四千余年。千百年来，随着生产的发展和技术的进步，档案的载体由早期的龟甲件骨、青铜器皿、竹简木牍、石料、缣帛等材料等发展为纸张。近、现代以后又出现了以胶片、磁带、计算机磁盘、光盘等为载体的新型档案。与此同时，档案形成者的范围不断扩大，从以官方机构为主要形成者，发展到各类企业、学校、医院、社团，以至于家庭或个人都形成档案；档案的内容从主要记载国家事务，逐渐扩展为记载大量各种社会生产、生活和自然现象，档案因此成为一种全面记录与反映国家和社会各个领域历史发展状况的宝贵信息资源。

一、档案的形成

（一）何谓档案

　　档案是社会组织或个人在社会实践活动中直接形成并保存备查的各种形式的原始记录。所谓原始记录，是指随着各项现实活动的进行，出于某种需要，以一定的方式记录在某种载体上而形成的信息。这些原始记录在用途上主要有行政文件、经济文书、科研设计材料、手稿、日记、书信及家谱等，在形式上主要有文字、照片、录音、录像及数字化信息等。比如：各类社会组织在行政管理工作中形成并保留的决定、会议记录，在生产活动中形成并保存的生产计划、产品设计图纸，在商务活动中形成的客户信息、销售记录，在员工聘任和考核中形成并保存的表格，在财务管理中形成的会计凭证、报表等。通常，我们将上述各种内容和形式的原始记录统称为"文件"。

（二）档案从何而来

1. 档案形成者的类型

档案形成者的类型非常广泛，从组织的角度而言，档案来源于依法成立并能以自己的名义行使权利和承担义务的各种社会组织，即"法人"，它包括各级党政机关，各种工商业、金融保险业、房地产业、信息产业、服务业的公司，各类教育、科研、卫生、文艺、体育、社会福利机构，还有学会、协会、商会等社会团体。档案在这些单位内是按照职责分工连续地、有规律地形成的。从个体的角度来说，档案来源于依法享有权利并承担义务的个人，即"自然人"，以及家庭、家族。在这个范围内，档案是围绕个人、家庭、家族的社会活动或家庭事务形成的。

2. 档案与其形成者的关系

首先，档案是其形成者在自身的活动中形成的，属于同一个形成者的档案之间存在着不可分割的联系。比如：一个企业实施管理、开展经营活动形成的工作制度、操作流程和规范、各种会议记录、各种合同和客户登记、产品生产和销售记录、产权证明、财务账目，以及照片、录音、录像材料等，既是这个企业开展工作的工具，又记录了其活动的实际过程，能够全面、系统地反映这个企业的历史活动面貌，是一个有机的整体，因此，这些档案不能分散，应集中管理。

（三）档案如何形成

档案是社会组织（以下简称"单位"）或个人在现实工作中形成和使用的各种文件的转化物。由于单位和个人的社会职能、活动方式、沟通渠道不同，因此，其档案在形成过程上也存在一定的差异。个人、家庭和家族的档案以手稿、日记、书信、契约、账册、家谱、音像材料为主，一般在形成之后经过一定的整理，进行有序积累，就可以作为档案保存。而单位档案的形成过程比个人档案要复杂一些，它们一般都要经过一系列的工作程序之后才能形成。在这里我们以单位的档案为主描述和分析其形成过程。

1. 处理完毕的文件才能成为档案

档案是从文件转化来的，档案与文件是同一个事物的不同运动阶段。文件是单位开展各项工作的办事工具和沟通媒介，具有时效性，而档案的主要作用是备查。所以，只有当文件处理完毕以后，不需要在单位的现行工作中运行了，才可以作为档案保存。在这里，文件的"处理完毕"是指其完成了收文、发文等文书处理程序）需要指出的是，文件的处理完毕与文件内容所针对事务的办结并非完全同步。在实际工作中，一些文件内容的办结与文书处理程序的完结可以同步．比如《某某机械设备公司关于开展青年职工技能大赛的通知》，这个技能大赛一结束，该通知的内容就办结了，其承办环节也结束了；人事文件在形成之后也能够进入档案管理阶段。而另一些文件在完成了文书处理程序之后，其内容仍然处于生效的状态，如法规类文件、政策性文件和契约类文件的内容往往在很长的时期内有效。那么，文件可以转化为档案的"结点"主要是指其完成了文书处理程序，而不是说文件完全丧失了现行效用。由此可见，文件处理完毕转化为档案之后，其中一部分丧失了现行效用，成为历史文件；另一部分则仍然具有法律上或行政上的效用，可作为现实工作的依据。

2. 对日后工作活动具有一定查考利用价值的文件，才有必要作为档案保存

在现实工作活动中产生和使用的文件对人们今后的活动未必都具有查考利用价值，其中一部分文件在工作任务结束后，其利用价值随之完结，不需要继续保存，而另一部分文件则因为对今后的工作活动具有查考利用价值而被人们作为档案保留。因此，文件能否转化为档案需要人们通过鉴定来决定。文件的查考利用价值主要是指其在事实、证据、知识等方面对人们和社会的有用性，在文件向档案转化的过程中，查考利用价值是档案形成的关键因素和条件。因此，只有具有查考利用价值的文件才有必要作为档案保存。"有文必档"会导致档案质量的良莠不齐和管理资源的浪费；而不重视积累档案则会造成工作的被动和历史的空白。

3. 经过立卷归档集中保存的文件，最后才成为档案

文件是伴随着单位完成各项工作任务的过程而逐渐生成的，这就使文件分散于各个承办部门或人员手中。文件的这种分散状态不符合档案管理与利用的要求。为此，人们需要将具有保存价值的文件集中起来．按照一定的规律对其进行系统化整理，并移交给档案部门，这就是立卷归档。因此可以说，办理完毕、具有查考利用价值、经过立卷归档的文件才能转化成为档案。

由此可见，档案虽然是由文件转化来的，但是文件不能自动地成为档案，其间必须经过有关人员进行鉴定和立卷归档工作，才能使具有保存价值的文件最终转化成为档案。在这里，归档既是文件向档案转化的程序和条件，又是文件转化为档案的一般标志和界限。

从档案形成的过程看，档案与文件之间有着天然的密切联系，也有着明显的区别，具体表现为：文件是档案的前身，档案是文件的归宿；文件是档案的基础，档案是文件的精华；文件是档案的因素，档案是文件的组合。档案是由各种文件有条件地转化来的，这就是档案形成的一般规律。掌握档案的形成过程和条件，是我们正确地处理文书工作和档案工作之间的关系，科学地开展档案管理工作的前提。

（四）档案的外在形式

社会活动中原始信息记录方式的多样性决定了档案外在形式的多样性。

1. 档案实体的构成要素

档案实体的构成要素包括档案的载体、档案信息的表达方式和档案信息的记录方式三个方面。

档案的载体是指承载档案信息的各种物质。我国从古至今使用过的档案载体材料有甲骨、青铜、石材、竹简木牍、缣帛、纸张、胶片、磁带、磁盘、光盘等；从发展进程来看，档案载体制造工艺中的科技含量越来越高，体积越来越小，越来越轻便，而它们所承载的信息量则越来越大。

档案信息的表达方式包括文字、图示、图像、声音四种类型，例如，行政文件多采用文字表达方式，产品设计文件多采用图示和图像的表达方式等。

档案信息的记录方式是指档案信息与档案载体结合的手段，包括刻铸、手写、印刷、晒制、摄影、录音、录像、录入、刻录等方式。

2. 文件用途的表示方式

文件有不同的用途，文种名称则是文件用途的表示方式。时代不同，文件种类以及名称也各不相同。例如：我国封建时代的官方文件有制、诏、诰、谕、题、奏、表等。而现代社会，各单位在行政管理中有章程、条例、命令、决定、意见、请示、报告、通知、通报、公告、计划、总结等；在生产活动中有设计方案、工艺图纸、数据库等；在经济活动中有市场分析报告、市场预测报告、产品营销策划书、广告文案、报表、账簿、合同等。

3. 档案的版本

档案的版本是指文件从拟写到办理过程中所形成的不同稿本，如草稿、定稿、正本、试行本、副本等。在实际工作中，各单位都必须使用定稿、正本、试行本、修订本等经过正式程序制发的有效文本。当文件转化为档案之时，在版本上，第一，注重选择可靠程度最高的定稿、正本、试行本、修订本等版本；第二，一般只保留原稿、原本，不留存副本。所以，档案是以孤本为主，不像图书那样存在大量的副本。所以档案的版本特点给管理工作提出了更高的要求。

（五）档案的本质属性

档案是原始的历史记录，这是档案的本质属性，也是档案区别于其他信息的主要特征。原始记录性作为档案本质属性的根本原因在于：档案是其形成者在工作活动中形成和使用的原始记录的转化物。首先，档案是原生的或首次生成的信息，而不是事后编写或制作的再生信息，因而具有原始性的特点；其次，档案的内容直接记载着其形成者工作活动的"现场"情况，可以客观地再现当时的情形，因而具有记录性的特点。原始性与记录性的有机结合就构成了档案所具有的独一无二的本质特征。正因如此，档案成为承载历史记忆的最为可靠的载体。

原始记录性是档案具有可靠凭证作用的原因所在。因此，保持档案的原始记录性就成为档案管理与利用工作中的一项神圣职责。我们应该明确，无论何时何地，都不允许任何人改变档案原始信息内容记录的状态；否则就会使档案失真，从而造成历史事实的扭曲。在我国，档案的原始记录性受到国家法律的保护。《中华人民共和国档案法》规定，对损毁、涂改、伪造档案等行为，根据情节轻重，给予行政处分，直至依法追究刑事责任。因此，各单位的工作人员以及每个公民都必须依法保护档案的原始面貌，维护好历史真实性的源头。

二、档案的分类

档案的分类是指根据一定的标准，按照档案在来源、内容、时间、形式等方面的异同分门别类。我们可以从三个层面对档案进行分类。

（一）档案实体分类

档案实体指档案原件，档案实体分类是出于保管的需要而对档案原件进行的分类，分类的结果是构成档案的保管体系。档案实体分类包括如下两个范围。

1. 全宗内档案的分类

全宗内档案的分类是指对一个独立的单位或个人全部档案的分类，通过分类使该单位或个人的档案构成有机的联系，并能够显示出其历史活动的面貌。

2. 档案馆档案的分类

档案馆集中了许多单位和个人的档案，为此，也需要实行分类管理。目前，我国的档案馆对全部馆藏档案一般是按照全宗群的原则，根据档案形成过程中加史的、工作系统的和载体形式的特点进行分类。

（二）档案信息分类

档案信息是指档案所记述和反映的内容。档案信息分类就是根据社会实践活动的领域，以及单位或个人的职能分别对档案的内容进行划分，其分类的结果主要表现为档案信息检索体系。

（三）档案种类的划分

与前两者的分类不同，档案种类的划分属于对档案进行概念上的分类，所针对的是我国的全部档案。由于认识的角度不同，所以形成了多种档案种类的划分方法。

1. 按照所有权划分

根据《中华人民共和国档案法》，我国的档案按照所有权分为国家所有的档案、集体所有的档案和个人所有的档案三类。

2. 管理机关对国家所有的档案的划分

我国档案行政管理机关从行政管理的角度对国家所有的档案进行了划分。首先，按照历史时期将国家所有的档案划分为中华人民共和国时期的档案和中华人民共和国成立以前的档案两个部分。其次，按照政权的性质将中华人民共和国成立以前的档案划分为革命政权档案（革命历史档案）和旧政权档案两个部分。其中，中华人民共和国时期的档案是指 1949 年 10 月 1 日中华人民共和国成立以后所形成的归国家所有的档案；革命政权档案是指 1919 年五四运动至 1949 年 10 月 1 日，由中国共产党及其所领导的军队、政权机关、企事业单位、社团等组织或个人形成的归国家所有的档案；旧政权档案是指中华人民共和国成立之前，除了革命政权档案之外，历代没落的政权机关、军队、企事业单位、党团或个人形成的归国家所有的档案。

3. 按照档案工作中通行的方法划分

在档案管理的实践中，档案工作者还将档案划分为文书档案、科技档案、专业档案（也称专门档案）三种类型，并在档案界得到了普遍的认同。其中，文书档案主要指由各类单位在管理活动中形成和保存的各种行政或业务文件，如命令、请示、通告、计划、总结、合同、市场调查和预测报告、营销策划方案、客户记录等；科技档案主要指由企业或科研单位在生产和科研活动中形成和保存的科技文件材料，如图纸、科研成果报告等；专业档案则主要指除了文书档案和科技档案之外，所有在专业活动中形成的档案。为了保证国家档案资源的完整，国家档案局在 2011 年 10 月和 11 月分两批发布了《国家基本专业档案目录》。国家档案局在关于印发《国家基本专业档案目录》的通知中指出："凡列入本目录的专业档案，是满足各项事业和人民群众基本需求必须建立的档案种类将该目录将我国的专业档案划分为人事类、民生类、政务类、经济类和文化类五大门类，各门类下列出了具体的专业档案名称。比如：政务类档案包括人民检察院诉讼档案、人民法院诉讼档案、公安业务档案、公证档案等；经济类档案包括会计档案、房屋产权登记档案、企业法人登记档案、审计档案、商标档案等。

4. 按照档案的载体形态划分

按照档案的载体形态不同，可以将档案划分为甲骨档案、金石档案、简牍档案、缣帛档案、纸张档案、照片档案、录音档案、录像档案、计算机磁盘档案及光盘档案等。

三、档案的作用

档案的作用是指档案对人们的社会实践活动所产生的积极影响；同时，档案作用的发挥具有一定的规律性。了解这方面的知识对于我们做好档案工作具有重要的意义。

（一）档案的基本作用

1. 确凿的凭证价值

档案是人类社会活动留下的原始记录，是确凿的证据，它可以作为人们见证历史的真凭实据，成为人们分辨事实、查证疑案、处理问题的依据。在经营、管理或维护权益的活动中，档案是单位不可或缺的凭证。

档案之所以具有凭证作用，是由档案的形成过程和形式特点所决定的。首先，档案从原始文件转化而来的形成过程，表明其内容是当时当事人活动的真实记录，而非事后编写或制作的材料；它客观地记载了以往的历史情况，是令人信服的证据，其次，从档案的形式特征来看，在形成和处理过程中，出于需要会在原始文件上留下一些标记，如机关或个人的印信，领导人的亲笔批示或签署，当事人的手稿或署名，现场的录音、照片、录像，电子文件的元数据及电子签名等。最后当文件转化为档案之后，这些标记必然保留于档案载体之上，成为真切的历史标记，可以确常地见证历史事实。

2. 广泛的参考价值

档案不仅记录了历史过程和事实，也记录了人们从事各种活动的意图、思想、数据、成果、得失等。它可以为人们查考既往情况、总结经验教训、研究事物发展规律、从事发明创造、进行宣传教育等提供广泛而可靠的参考。

与图书、报刊、资料相比，档案的参考价值具有自己的优势：第一，原始性和可靠性。第二，内容的广泛性。档案来源于各个历史阶段和社会实践活动的各个方面，内容涉及面极为广泛，是丰富的智力资源。第三，档案的参考价值是人们的工作活动能顺利进行的一个重要条件。所以我们如果在工作中能够及时利用档案，会起到节约时间和资金、提高效益的良好效果。

（二）档案发挥作用的规律

档案的作用是客观存在的，但是其实现的方向、程度和方式却因时空环境的不同而有所不同，并表现出一定的规律性。

1. 档案的作用从形成者向社会扩展

档案对其形成者和对社会的作用具有双重性和过渡性。档案对其形成者的作用被称为"第一价值"，对社会的作用被称为"第二价值"。在实践中，由于多种原因，档案的"第一价值"和"第二价值"往往不是在同一时间和空间范围内实现的，而是先实现"第一价值"，然后过渡到实现"第二价值"。

（1）档案"第一价值"的实现

在档案形成以后的相当长的时期内，本单位需要较为频繁地查阅和利用档案，为解决现实工作问题服务。这时档案发挥作用的主要场所是单位的档案室。档案对形成者的作用，是促使其积累档案的动力。档案对其形成者的作用发挥得越充分，其积累档案的积极性就越高。

（2）档案"第二价值"的实现

档案的"第一价值"实现到一定的阶段，形成者对于形成时间较长档案的现实利用需求逐渐减少，利用率降低甚至消失。这时，档案应该从"第一价值"向"第二价值"过渡，发挥其社会作用。档案在实现"第二价值"的时候，它的保管地点需要从形成者的档案部门向国家设立的各级各类档案馆转移。

2. 档案作用方向的多元化趋势

文件转化为档案以后，不仅从主要发挥现行效用转变为主要发挥历史查考作用，而且发挥作用的方向也会发生一些变化。原始文件的形成往往是出于行政或业务的单一目的或用途，比如：一个单位的员工名册是出于员工管理的需要形成的；一套修筑铁路工程的设计图纸是出于工程的需要形成的。但当它们成为档案后，发挥作用的方向则可能超越其形成的工作目的或用途，扩展到其他领域。比如：员工名册、账册、房地产契据可以作为研究社会或经济问题的资料；修筑铁路的技术图纸可以作为边界谈判时维护国家领土完整的证据；领导讲话等文件可以成为宣传教育的素材等。

了解档案作用从形成者向社会扩展的规律和作用方向的多元化趋势，有助于我们在对文件进行鉴定时全面地估价档案的价值，准确地为各单位和国家挑选和留存档案。

3. 档案的机密程度逐渐递减

众所周知，一些现行文件具有机密性。当文件转化为档案之后，为了维护国家、单位及个人的政治、经济利益，对具有机密性的档案仍需采取保密措施并加以管理。所谓保密，就是指档案准许利用的范围和利用程度，在这方面我们应该按照国家的有关规定执行。同时，我们又应该看到，随着时间的推移和条件的变化，档案的机密性也会发生变化。一般来说，档案机密性的逐渐弱化是一个总的趋势，表现为档案机密性的强弱与档案保管时间的长短成反比。档案管理者应该善于利用档案机密程度递减律，依法逐渐扩大档案的开放范围，广泛实现档案的价值。

4. 档案作用的发挥取决于一定的条件

（1）社会环境

社会环境包括社会制度、国家的法制情况和方针政策、社会的经济发展水平等，它们对于信息公开的程度、档案作用发挥的程度、方向等都有直接的影响。良好的社会环境能够使档案的作用得到充分的发挥。

（2）人们的档案意识

档案意识是指人们对档案的认知水平。人们若具有较强的档案意识，就会引发利用档案的需求，从而使档案作用得以发挥；若档案意识淡薄甚至没有档案意识，即使有利用档案的需求，也难以转换为利用档案的现实行为。

（3）档案的管理水平

档案要依靠管理工作才能发挥作用保障档案管理体系健全，方法科学，管理手段现代化程度高，工作质量优良，就能够使利用者方便、快捷、准确地获得所需要的档案或档案信息，从而使档案的作用得以发挥。因此，提高档案管理水平，实现档案管理的现代化，提供优质高效的档案利用服务，是促进档案作用充分发挥的重要条件。

第二节 档案管理工作的基本内容及性质

档案工作指管理档案和档案事业的活动，包括档案管理工作、档案行政管理工作、档案教育工作、档案科学研究工作和档案宣传工作等。档案管理指档案的收集、整理、保管、鉴定、统计和提供利用等活动，即档案室和档案馆所从事的档案业务工作。通常说的档案工作是指狭义的档案工作，即档案管理。

一、档案工作的内容

（一）收集档案

收集是指档案馆（室）接收或征集档案和其他有关文献的活动。通过收集使分散的、数量浩繁的档案集中起来，便于档案的科学保管和有效利用。

（二）整理档案

整理是指按照一定的原则对档案实体进行系统分类、组合、现代化档案管理与服务研究，排列、编目，使之有序化的过程。通过档案整理工作使成分复杂的档案条理化、系统化，利于档案的保存和使用。

（三）鉴定档案

鉴定是指按照一定的原则和标准，判定档案的真伪和价值，确定保管期限及决定档案存毁的一项工作。通过鉴定工作，去粗取精，剔除失去保存价值的档案，使档案保管机构的人力、物力和财力能够充分发挥作用。

（四）保管档案

保管是维护档案的完整与安全的活动。其基本任务有两个：一是维护档案实体的系统性，使库藏档案始终有序；二是保护档案实体，最大限度地减少人为或自然因素的损坏，延长档案的"寿命"。

（五）检索档案

检索是指存储和查找档案信息的过程。档案检索工作将档案信息运用一系列方法进行加工处理，形成各种检索工具，供人们查找所需档案。

（六）编研档案

编研是指在研究档案和社会需要的基础上，按照一定的题目、体例和方法编辑档案文献的活动。通过档案编研工作，可以满足更多利用者的利用需要，让档案信息以编研成果的形式长远流传下去，并延长档案原件的寿命。

（七）利用档案

利用档案又称利用服务，是指利用者以阅览、复制、摘录等方式使用档案的活动。档案得以利用是档案管理工作的最终目的，通过利用可以使包含在档案中的凭证价值和参考价值得以发挥和实现。

（八）统计

档案统计是指对反映和说明档案及档案工作现象的数量特征进行搜集、整理和分析的活动。通过档案统计工作，不仅可以为整个档案管理工作提供真实可靠的原始数据、基本事实，让人们对档案及档案工作做到"胸中有数"，而且还为档案工作决策提供强有力的信息支持，保证决策的科学性。

二、档案工作的性质

（一）管理性

档案工作的管理对象是档案及档案事业。档案工作必须用一整套科学的理论原则和技术方法管理档案，对繁杂的档案进行研究、考证和系统管理。

档案工作是各项工作的重要组成部分，任何一项管理工作都离不开档案工作。

（二）服务性

档案工作是一项提供档案信息，为社会各方面工作服务的工作。服务是档案工作赖以存在和发展的基础。

档案工作者应当树立服务意识，掌握服务技能，完善服务条件，提高服务质量，积极为社会建设做出贡献，

（三）政治性

档案工作存在着服务方向的问题，这正是档案工作的政治性的集中表现。档案工作的机要性也是档案工作政治性的表现之一。

档案工作者必须做维护历史真实面貌的楷模，实事求是，并积极地提供档案用以编史修志，用档案印证历史，校对历史。

第三节　档案管理工作的意义与基本要求

一、档案收集工作的意义与基本要求

（一）档案收集工作的要求

1.丰富和优化室（馆）藏

丰富和优化室（馆）藏要求在收集档案时，做到以下四点。

（1）数量充分

所谓数量充分，就是要求各级各类档案保管机构应尽量补充档案数量。就现状来看，我国的档案虽然在总数量上名列世界第一，但在人均占有量上并不高。这与我国的悠久历史和社会的需求不相适应，因此，应想方设法丰富档案室（馆）藏。

（2）质量优化

所谓质量优化，就是指所收藏的档案要达到一定的质量标准，具体包括两个方面：一是档案本身的内在质量（完整性、准确性、规范性）和外在质量（档案载体及书写、印制材料应符合长期安全保管的要求）；二是档案整理的质量。只讲数量，不讲质量的收集是没有价值的。必须保证所收集的档案在将来有人

使用，必须在增加数量的同时，按国家的相关标准进行收集。否则，就会出现档案数量多了，但可供人利用的却少了的反常情形。

（3）门类齐全

所谓门类齐全，就是指档案保管机构应收集各种门类的档案。在收集中不仅要收集文书档案，也要收集科技、专门档案；不仅要收集纸张载体的档案，还要收集声像、照片、电子等各种载体形态的档案。否则，档案保管机构所保管的档案就会因门类或载体的单一而缺乏吸引力。

（4）结构合理

所谓结构合理，就是指档案保管机构所收藏的档案在来源、内容等方面，应该是合理布局的。档案馆、室藏档案既要有一般性的材料，也要有各具特色的材料；既要有领导机关的材料，也要有基层单位的材料；既要有宏观材料，也要有微观材料。在收集时，既要收集档案，又要收集如报刊、地方志、传记、年鉴、回忆录、文件汇编、成果汇编及其他杂志等资料。

2. 加强档案室（馆）外的调查和指导

档案室必须注意调查研究，掌握本单位文件的形成规律和特点，制定归档制度，明确接收档案的范围、时间、数量与质量要求。档案馆应从本馆的性质与职责出发，对有关国家机构、社会组织和个人的职能、地位、任务及形成档案的种类、内容、保存价值、数量、整理和保管等情况，进行调查研究，确定应移交档案的范围、时间、数量、质量要求和手续。

在接收前，档案室应加强对有关部门的档案工作进行指导，以保证所收集档案的质量与价值。

3. 积极推行入室（馆）档案的标准化

积极推行入室（馆）档案的标准化要求在收集档案时控制好档案的质量。凡反映本机关主要职能活动，具有保存价值的各种门类、各种载体的档案，均应收集齐全完整；进馆档案必须以全宗为单位进行整理；进馆档案必须经过鉴定，保管期限必须准确无误；档案整理（分类、组卷、排列、编号、编目、装订等）规范；所采用的档案包装材料必须符合国家的相关要求，所编制的检索工具应符合档案工作要求，在利用档案时能做到有目可查；归档材料中有电子文件的，应当与相对应的纸质文件一并存档；属于非光盘形式的电子文件，应当转换成光盘储存形式的电子文件。档案工作的标准化，应该在收集时就着手推行。

4.保持全宗不可分散性

全宗就是一个立档单位形成的全部档案，一个单位的各项活动是密切联系的，因此在活动中形成的各种文件材料也必然存在固有的联系。为了确保文件的完整，在收集档案时必须坚持全宗不可分散的原则，一个单位的形成的档案应集中到一个档案室，不能人为的分散处理。

（二）档案收集工作的意义

档案收集工作是整个档案工作中极为重要的一个环节，是档案馆的一项重要的基础性工作。做好档案馆收集工作，对于加强国家档案资源建设、丰富馆藏、优化结构、建立健全"三大体系"、发挥"五位一体"的功能、提高档案馆服务水平，有着重要意义。

1.档案收集工作是档案工作的前提条件

没有档案收集工作，就不可能有完整的档案，也就不可能有健全的档案工作。收集是档案室（馆）取得档案的一种手段。档案收集工作是档案工作的起点，它为档案工作提供了物质条件。

2.收集工作是维护党和国家历史真实面貌的必要手段

档案室（馆）的收藏是一定地区、部门在政治、经济、科学和文化教育等方面情况的综合反映。收集工作使得档案齐全完整，内容丰富，应该补充进馆的档案及时接收进馆，并把散存在机关、组织、个人手中以及散失在各地的档案材料收集补充到档案室（饰）。档案是维护历史真实面貌的重要凭证，是贯彻执行党的路线、方针、政策的重要工具，因而收集工作的作用是十分必要的。

3.收集工作为开展档案室（馆）各项工作，加强档案室（馆）建设奠定物质基础

档案馆要开展利用工作，没有一定数量的档案是无法进行的，而室（馆）藏不丰富、门类不全，就很难满足社会上各条战线、各种工作、各种人员对档案利用提出的各种要求。编研工作更需要有丰富的档案作为后盾。档案室（馆）其他日常工作，也必须在室（馆）藏丰富的基础上才能做得更好。档案的整理，只有从众多的档案材料中才能清楚、准确地把握档案内在的有机历史联系，才能在丰富材料基础上综观全局、全面考察、权衡利弊，提高工作效率，加快整理工作进度，为档案提供利用等工作创造条件。

总之，只有做好收集工作，才能使室（馆）藏丰富，材料齐全，为档案室（馆）

各项业务建设，为提高档案工作科学水平提供必要的物质条件。

4.收集工作促进档案学理论发展，推动档案工作现代化的实现

档案室（馆）作为党和国家保存档案的重要基地，也是发展档案学理论的重要源泉。假若档案室（馆）藏不丰富，档案室（馆）各项工作开展不充分，就不可能为档案学理论的突破和发展提供充足的实践依据。室（馆）藏越丰富，各项工作实践也就越丰富多彩，必然提出许多新问题、新要求，出现很多新情况，为档案学理论的发展打下坚实的基础，推动档案学理论的发展。

丰富的室（馆）藏也是实现档案工作现代化的推动力量。要实现档案工作现代化，最基本的是要有丰富的室（馆）藏和对现代化的迫切需要。室（馆）藏丰富，利用者便如鱼得水，这无疑会对实现档案工作现代化产生重要的推动作用。

二、档案整理工作的意义与基本要求

（一）档案整理工作的基本要求

档案整理工作的基本要求是：保持文件之间的历史联系；充分尊重和利用原有的整理成果；便于保管和利用。

1.保持文件之间的历史联系

文件之间的历史联系是指文件在产生和处理过程中所形成的内部相互关系。保持文件之间的历史联系，是档案整理上的根本性原则，可使档案能够客观地反映其形成者的历史面貌。文件之间的历史联系主要表现为以下四个方面。

（1）文件在来源上的联系

文件的来源一般指形成档案的社会组织或个人。同属于一个形成者或同类型形成者的文件在来源上有着密切的联系。

不同来源的文件反映不同形成者历史活动的面貌，在整理档案时必须保持文件在来源上的联系，而且，不同来源的档案不能混淆在一起。

（2）文件在时间上的联系

文件的时间一般是指其形成的时间。不同时间的活动，所形成的文件先后有序；同一阶段的活动，所形成的文件具有自然的时间联系。在整理档案时，

保持文件之间在时间上的联系，有利于体现其形成者活动的阶段性、连续性和完整性。

（3）文件在内容上的联系

文件的内容一般指文件涉及的具体事务或问题；解决同一个事务、同一个活动、同一个问题所形成的文件之间必然具有不可分割的联系。在整理档案时，保持文件之间在内容上的联系，有利于完整地反映其形成者各种活动的来龙去脉和基本情况，也便于查找利用。

（4）文件在形式上的联系

文件的形式一般是指其载体、文种、表达方式以及特定的标记等存在与表达形态方式的因素。不同形式的文件往往具有不同的作用、特点和管理要求，可承接不同的任务，反映一些特定的工作关系。在整理档案时，保持文件在形式上的联系，有利于揭示文件的特殊价值，便于档案的保管和利用。

2. 充分尊重和利用原有基础

充分尊重和利用原有基础指档案管理者要善于分析、理解和继承前人对档案的整理所形成的自然基础，不可轻易地予以否定和抛弃。需做到以下几点。

（1）当原有基础基本可用时，应维持档案原有的秩序状态。

（2）如果某些局部整理结果明显不合理，可以在原来的整理框架内进行局部调整。

（3）如果原有的整理基础无法实行有效管理，可进行重新整理。

3. 便于保管和利用

便于保管和利用是档案整理工作的出发点和目的，也是检验整理工作质量的标准。在整理档案时，应保持文件之间的历史联系与便于保管和利用之间是一致的。而在某些特殊的情况下，二者之间会发生一定矛盾，此时就需要综合考虑各种因素，在保持文件之间历史联系的前提下，采取分别整理的方法，从而利于档案的保管和利用。

（二）档案整理工作的意义

1. 档案整理可以通过有效保持文件之间的有机联系，为实现档案价值创造有利条件

保存档案的主要目的，是及时地、系统地提供档案为社会各项事业服务。

为了达到这样一个目的，所提供利用的档案必须经过科学的整理。没有经过整理和系统化的档案，就不能充分体现档案的历史记录的特点，也不能完整地反映出各项活动的历史联系和本来面貌，就会影响以致失去档案的利用价值，不便于进一步查考研究问题。档案整理工作的基本目的，是把档案组成一个体系，通过编目使其固定下来，为利用档案提供方便条件。

2. 档案整理是开展其他档案业务活动的重要基础性工作

档案整理不仅为档案的利用创造了方便，而且也为整个档案管理工作奠定了良好基础。在档案管理的诸多环节中，收集工作是起点，提供利用是档案工作的目的，而档案的整理则是承上启下的关键业务。收集或征集来的档案，经过档案整理这个环节，可以进一步了解和检查档案收集工作的质量，对档案收集工作有一定的促进作用。档案在整理过程中，往往是与档案价值的鉴定工作结合进行，而鉴定档案的价值和划分档案的保管期限，必须对档案进行全面的考察和仔细认真的分析，只有经过系统整理的档案，才能提供这种可能性。经过整理以后的案卷，是档案的保管、统计、检查的具体工作对象和基本单位，也使编制档案检索工具与编写参考资料有了主要依据。

3. 档案整理是实现档案管理现代化的要求

采用现代化手段管理档案，要求对档案实体加以整理，使之达到一定的系统化程度。例如，计算机库房管理系统、编目系统都需要以档案实体的一定体系为基础，档案数字化、信息化、缩微化更要求档案原件系统有序、具有有机联系的档案达到相对集中。档案管理的现代化，也需要以档案的系统整理为基础。

三、档案价值鉴定工作的意义与基本要求

（一）档案价值鉴定工作的要求

1. 应从国家和社会的整体利益出发去判定档案的保存价值

档案价值鉴定工作是一项直接关系到一个国家和民族的社会历史记忆能否得到有效维护、传承和保护的重要工作，应从国家和社会的整体利益出发，科学地组织和开展。那种只考虑本单位利益，而忽视国家和社会整体利益的档案价值鉴定思想是十分有害的。因为，每个立档单位之所以会保存档案，其直接的动力来源是为本单位的业务工作的可持续进行服务，留存足够的业务活动证

据和法律所要求的证据，同时也为保证本单位业务活动的健壮性，留存那些具有参考价值的文件和记录。

但是，随着时间的流逝和立档单位的业务发展，原来留存的档案就会逐渐失去其业务证据价值和业务参考价值，这时立档单位继续保存这部分档案的"原动力"就不存在了。如果一个组织只顾及自身的利益，而缺乏国家、民族的整体利益意识，那么必然的结果就是整个国家和社会的历史记忆不断流失。为此，在开展档案价值鉴定工作时，尤其是在对"保存期满"的档案进行"定期鉴定"时，各文档单位和国家档案管理部门只有遵循"从国家和社会的整体利益出发去判定档案的保存价值"的原则性要求，才能保证我们的国家记忆、民族记忆、社会历史记忆的相对完整性，才能保证我们民族文化的长久传承和发展。

2. 应采用全面的观点指导档案价值鉴定工作

不谋全局者，难以谋一域。所谓用全面的观点指导档案价值鉴定工作，从立档单位角度看，就是在判定档案保存价值时，应全面分析影响档案保存价值的相关因素，综合判定档案的保存价值；从社会角度看，就是在判定档案保存价值时，应避免只从一个机关、一个部门（机构）或个人的需要出发去开展价值鉴定工作，而应从社会的需要出发去开展工作。从档案管理的整体效益角度看，坚持以全面的观点开展档案价值鉴定工作，也是实现整个国家档案资源体系建设整体优化目标的需要。如何有效地消除全宗之间的"档案重复留存"问题，关键的解决办法之一就是在档案价值鉴定工作中切实采用"全面的观点"，通过有效的整体控制手段和措施来实现。

用全面的观点指导档案价值鉴定工作，有助于档案价值鉴定人员从整体上把握和认识有关全宗、类别（系列）、案卷的保存价值，避免孤立地判定每一份文件的保存价值。

3. 应采用历史的观点指导档案价值鉴定工作

档案是历史记录，具有鲜明的历史时代特征。那种只从"现实需要"出发判定档案保存价值的思想和行为，会给人类社会档案记忆的完整性和连续性造成极大的损害。在鉴定档案价值时，坚持历史的观点，就是要根据档案产生的历史条件及其在历史上的作用，科学地评价其对维护人类社会历史记忆的有用性，确定其保存价值。在档案价值鉴定工作实践中，坚持历史的观点，就必须坚决反对片面的实用主义观点。

4.应采用发展的观点指导档案价值鉴定工作

在档案价值鉴定工作中，按照发展的观点开展档案价值鉴定工作，就是要充分考虑到档案保存的未来意义。档案的保存不仅是现实社会存续和发展的需要，也是子孙万代的生存与发展需要。档案价值鉴定工作人员应具有一定的预测未来社会发展需要的能力。随着数字时代的到来，一些在纸质档案占统治地位的时代被鉴定为"保存价值不大"的文件和记录，其数字形态的记录却因为蕴涵着丰富的、可供分析和加工的"数据"和"信息"，而成为一种非常具有留存价值的资源。所以，那种简单地认为"纸质文件和记录"与"电子文件和记录"的保存价值相同的观点和做法，是非常武断和有害的。正确的做法是：纸质档案按传统的价值鉴定标准去判定其保存价值；数字档案（电子档案）的价值鉴定标准应重新确定。

5.应采用科学的效益观点指导档案价值鉴定工作

对于纸质档案等传统载体形态档案的价值鉴定，必须考虑立档单位和国家档案管理部门的保存能力。那种认为只要文件和记录具有些许利用价值就应作为档案加以保存的思想观念，不仅脱离实际，而且一旦实施就会劳民伤财，为此，开展档案价值鉴定工作时，鉴定人员应对列入保存范围的文件和记录的利用价值和利用效益，进行充分地预测和评价。只有当档案发挥作用所带来的经济效益和社会效益大于我们所付出的管理成本时，才能认为档案是具有保存价值的。诚然，单纯的"效益"观点（即只评价档案保存的经济效益，却忽略档案保存的社会效益的观点），在档案价值鉴定中也要坚决避免。

（二）档案鉴定工作的意义

档案鉴定是决定档案存毁的关键一环，对文件进行价值分析并确定保管期限，并将到期的档案剔除销毁，是档案管理工作中最具有决定意义的一环。具体可以归纳为以下三个方面。

1.去粗取精，解决档案日益庞杂与保管精练之间的矛盾，便于档案查找利用

档案的鉴定，就是解决庞杂与精练之间的矛盾，是对档案"去粗取精"的工作。档案是社会实践活动的产物，随着时间的推移，档案与日俱增，数量不断增多，致使档案日益庞杂，这就影响了查找利用的效率。而档案保管限于库房等物质条件的限制，又要求保管的档案数量越精越好。档案是保存下来的宝

贵财富。档案与档案的价值是不同的，有的大，有的小，而可能短时期内有用，有的可能长久有用，而人们利用的都应是有价值的档案。如果不经过鉴定，不剔除无价值的档案材料，那么大量的有价值的档案材料就会埋没其中，严重影响档案的查找利用。开展档案鉴定工作，目的是解决档案日益庞杂与保管精练之间的矛盾，便于档案查找利用。

2. 玉石区分，节约保管成本，提高工作效率

保存档案要讲究效益问题，档案保管是需要大量人力物力的，档案数量越多，需要的保管成本就越高。因此为了降低保管成本，就必须对不断产生的新档案材料以及保管期满的档案进行价值鉴定，将无保存价值的和已经失去保存价值的档案清理出去，精简库存档案，玉石区分，节约保管成本，提高工作效率。我国自古就有"三年一拣除"制度，如唐宋律令中规定：文案不需常留者，留十年，每三年一检简；有其本应长留者，移于别库，并别注于籍。

3. 主次分明，便于安全管理，应付突发事件

档案鉴定就是将无价值的档案材料剔除出去，一方面节约了保管成本，腾出库房和装具去妥善保管有价值的档案材料；另一方面又明确了档案的价值，主次分明，日常管理时就很容易确定保管的重点，便于安全管理，应付突发事件。比如遇到水灾、火灾、地震等天灾人祸时，就能很快确定抢救重点，及时抢救和转移价值大的档案资料，减少损失。否则，就会因档案资料主次不明，数量庞大，感到束手无策，不知先抢救哪些，其结果只能是"玉石俱焚"造成更大的损失。

4. 档案鉴定是"去芜存菁"，提高管理效益的科学措施

档案的鉴定工作就是通过对档案的不断筛选，去芜存菁，使保存的档案得以精练，便于保管和利用。保存精选的档案，在提供利用时可免"沙里淘金"的查找之苦；有助于集中人力、物力改善保管条件；遇到突然事件，如水灾、火灾、地震、战争等，便于迅速抢救和转移重要档案。

四、档案保管工作的意义与基本要求

（一）档案保管工作的要求

1. 注重日常管理工作

为了保持档案库房管理的稳定、有序，我们应注重建立健全管理规则和制

度，加强日常管理。在库房管理中要做到：归档和接收的案卷及时入库；调阅完毕的案卷及时复位，定期进行案卷的清点和检查，发现问题及时处理，只要持之以恒地坚持严格的日常管理，就能保证库房内档案的良好状态。

2. 预防为主，防治结合

在档案保管工作中，保护档案实体安全的方法概括起来主要有两类：一是如何预防档案实体损坏的方法；二是当环境不适宜档案保管要求时或当档案实体受到损坏后如何处置的方法。在归档或接收的档案中，实体处于"健康"状态的档案占绝大多数。因此，在档案保管工作中，积极"预防"档案受到各种不良因素的破坏是主动治本的方法。我们应该采取各种措施，确保这些档案的长期安全。同时，还应该通过加强日常管理和检查，及时发现档案实体出现的"病变"情况，以便于迅速地采取各种治理措施，阻断或消除破坏档案的有害因素，修复被损害的档案，使其"恢复健康"。预防为主，防治结合，才能全面保证档案实体的安全。

3. 重点与一般兼顾

由于档案的价值不同，保管期限长短不一，所以，在管理过程中，我们应该掌握突出重点、兼顾一般的原则。对于单位的核心档案、重要立档单位的档案、需要长久保存的档案，应该加以重点保护，尽量延长档案的寿命。同时，对于一般性、短期保存的档案也要提供符合要求的保管条件，确保其在保管期限内的安全和便于利用。

4. 管理与技术相结合

档案保管工作要有效开展，管理和技术二者缺一不可，二者从不同层面上维护着档案的安全和完整。管理和技术在应对威胁档案安全的不同风险因素中，各自发挥着不可替代的作用。比如：由于人为因素对档案造成破坏的，需要靠管理制度来约束，单纯的技术是难以发挥作用的；而对于不可控的自然因素对档案带来的破坏，必须利用先进的技术来应对。因此，片面强调管理，或者片面强调技术都是不科学的。同时，无论是管理还是技术，都不是一成不变的。管理的理念、方式需要不断科学化、合理化，技术手段需要不断现代化，以确保管理和技术成为档案保管工作科学发展的双翼。

5. 不同的档案，区分保管

在档案保管中，不能采取"一刀切"的模式来管理全部档案。为了实现对档案的合理保管，对于不同价值的档案，应区别对待。在保管工作中，所谓不同的档案，主要是从档案的保存价值、保管期限以及载体等方面加以区分的。《中华人民共和国档案法实施办法》中规定"各级国家档案馆馆藏的永久保管档案分一、二、三级管理，分级的具体标准和管理办法由国家档案局制定，根据档案的不同等级，采取有效措施，加以保护和管理，在《照片档案管理规范》（GB/T11821-2002）等标准中，对不同保管期限的档案，其保管条件也略有差异。区分保管不同价值、不同保管期限的档案，有助于实现档案保管工作稳定有序地开展。尤其是随着社会科学技术的飞速发展，不同载体的档案大量产生，不同载体记录信息的结构、原理不同，其保管要求也各不相同。因此，不同载体的档案，也应区分保管。

（二）档案保管工作的意义

档案保管工作质量的高低，对档案管理水平具有重大的影响，甚至在一定的条件（如涉及档案存毁安全问题）下具有决定性的影响。档案保管得好，就为整个档案工作的进行提供了物质对象，提供了一个最起码、最基本的前提。反之，如果档案保管工作做得不好，或者不能有效地延长档案的寿命，甚至损毁殆尽，那就会使整个档案工作丧失最起码、最基本的物质条件。工作对象一旦丧失，整个档案工作也就随之失去其存在和进行的意义。若档案保管得杂乱无章，失密泄密，也会影响整个档案工作的秩序。

五、档案编研工作的意义与基本要求

（一）档案编研工作的基本要求

档案编研工作是一项政治性、科学性很强的工作，需要有高度的政治责任心和实事求是的科学态度，严肃认真，一丝不苟。具体要求包括以下内容。

1. 政治方向正确

古往今来，档案编研工作总是带有一定的政治倾向。现在的档案编研工作要体现为社会主义现代化建设事业服务的宗旨，坚持辩证唯物主义和历史唯物主义的思想方法，维护党和人民的根本利益，符合党和国家的方针、政策、法律，注意保守党和国家的机密。

2. 史料真实

编研过程中选用的档案史料必须正确、客观地反映历史事实，这是检验编研成果质量和能否经得起历史考验的关键所在。档案编研工作必须对档案材料进行认真的核实考证，去伪存真。切忌不加考证地盲目使用档案史料，造成以讹传讹和鱼目混珠。

3. 内容充实

档案编研成果能否受到社会的欢迎和重视，主要取决于它是否有丰富充实的内容，能否完整地反映有关事物的发生、发展、变化和终结的全部过程。因此就需要将与题目有关的档案材料收集齐全，尽量选用并组成能反映题目内涵的完整材料。

4. 体例系统

体例上的系统，是指将档案材料按其内在联系，组成有机整体。在内容上条理分明，上下联系，合乎逻辑；在编排体例上科学地划分章节或分类，结构严谨，形成体系。

（二）档案编研工作的意义

1. 档案编研工作是档案馆（室）主动地、系统地、广泛地提供利用服务的一种方式

档案工作人员把具有研究价值和实用价值的档案信息编辑、加工后，推荐、分发给有关利用者使用或公开出版，使馆外利用、异地利用成为可能，这有利于更加广泛地发挥档案在各项事业中的作用，对于实现档案信息资源共享也是十分有益的。

2. 开展档案编研工作是提高档案馆（室）工作水平的一个重要途径

档案馆（室）搞好档案的收集、整理、编目等基础工作是开展编研工作的前提；而在档案编研过程中大量调阅档案，又可对档案馆（室）的基础工作起到全面检验的作用。档案编研工作要求档案工作人员具有较高的知识水平，可以促进档案干部队伍素质的提高。档案编研工作向社会各界和机关提供了系统的档案信息服务，有助于扩大档案工作影响，赢得社会各方面对档案工作的重视和支持。

3. 开展档案编研工作是保护档案原件和长远流传档案史料的一种措施

档案编研成果不仅有积累史料、传播文化的作用，而且可以代替档案原件提供利用，从而保护了档案原件使之延长自然寿命。将档案文献汇编出版，分存于各处，即使原件遭到损毁，档案的内容也可长久流传。

六、档案利用工作的意义与基本要求

（一）档案利用工作的基本要求

档案利用工作的基本要求是档案馆（室）应当为档案的利用创造条件，简化手续，提供方便，主动开展档案的利用活动，及时掌握档案的利用效果，加大宣传力度。具体要求包括以下几点。

第一，档案工作者要不断提高自身的素质，主动、及时开展档案利用工作。

第二，不断完善档案服务方式和手段。

第三，掌握本单位、本地区近期的重点工作、重大活动，据此开展档案利用工作。

第四，加强档案的宣传力度，增强全社会的档案意识，促进利用。

（二）档案利用工作的意义

档案利用工作的意义，主要表现在以下四个方面。

第一，档案利用工作是发挥档案作用、实现档案价值的主渠道，是档案工作为社会主义现代化建设服务的直接手段。

第二，档案利用工作是档案工作联系社会的一个窗口。

第三，推动档案基础业务建设，提高档案工作水平。

第四，促进档案工作人员业务进修学习，提高档案干部队伍素质和工作能力。

七、档案统计工作的意义与基本要求

（一）档案统计工作的要求

档案统计工作是档案部门的一项严肃科学的任务，为了做好档案统计工作，发挥档案统计工作的作用，在进行统计时必须做到准确、及时和科学。

1. 及时性

统计工作的目的是解决档案工作中的实际问题，及时了解有关情况。如果统计工作拖沓，必然会贻误良机，从而影响档案工作。为此应该建立档案统计制度，使档案统计纳入档案部门的日常工作轨道，各级各类档案馆、档案室的统计工作要制度化，相互配合，及时地按规定上报档案工作领域的相关信息，为指导和监督档案工作提供科学依据。

2. 可量化性

统计是以数字来量化反映统计对象现状的。档案统计工作中，实施统计的重要领域及其重要因素，必须是可进行量的描述与量化研究的。否则，档案统计工作会成为一般的档案登记工作。

3. 连续性

为达到统计工作的目的，保证统计数字的准确性和统计工作的质量，档案统计工作必须连续进行，对有关内容的统计一定要有始有终，不能间断，只有保持连续性，档案统计工作才能对档案现象的发展变化进行历史的、系统的、全面的加以反映和概括分析，也才能保证统计工作的质量，达到统计工作的目的。

4. 目的性

档案统计工作是为了一定的目的进行的，不是为统计而统计。如果没有明确的目的性，统计工作就会失去意义，也不容易坚持下去。因此，确定档案的统计项目，要依据本单位的实际情况，兼顾需要和可能，如单位大小、档案多少、管理状况和利用状况质量高低等有目的地、实事求是地建立本单位的档案统计工作。

5. 准确性

档案统计工作的基本要求是保证统计数据准确无误。统计工作所获得的各种数据及其整理、分析得出的数据和结果都必须真实可靠，具有客观真实性。档案统计工作是从档案现象的质和量的辩证统一中研究它的数量方面，是用数字语言来表述事实的，因此，必须十分准确，数字的真实性、准确性是科技档案统计工作的生命。

要做到统计数字真实、准确，就必须有认真、负责的工作态度和一丝不苟、实事求是的工作作风，严格统计纪律，建立和规定科学的统计指标和统计计量方法。这样统计出来的数字才有价值，也才能够保证统计工作目的的实现。

6. 法治性

现代是法治社会，任何工作都要依法办事，档案工作也不例外。比如《中华人民共和国统计法》是档案统计工作遵循的准则。档案统计也要纳入法制建设的轨道，因为目前实际工作中仍然存在统计违法行为，如为夸大成绩或缩小失误而虚假、瞒报、伪造和篡改统计数据资料的现象屡屡发生。因此，档案统计也要加强执法力度，才能使档案统计工作顺利开展，真正发挥档案统计工作的作用。

统计工作的目的不是为了取得统计数字，而是要对统计数字进行分析、研究，从中寻找事物发展变化的规律。对档案统计所取得的原始数字进行周密分析和研究，根据档案现象在一定时间、地点和条件下的具体数量关系，揭示档案及其管理工作中的内在联系和矛盾，从中总结经验，发现问题，分析矛盾，探索规律，从而改进档案工作，提高管理水平。

（二）档案统计工作的意义

1. 档案统计工作是认识档案工作的一种重要手段

档案工作中诸多现象的发展过程、现状和一般的规律性，通过档案统计，让人一目了然。而且正是这种长期、系统的积累资料的工作，为档案管理研究和综合统计，为人们加深对档案工作的认识提供了一种手段。

2. 档案统计工作是科学管理档案的基础

从档案统计工作来看，国家档案事业的方针政策规划、法规制度的制定都离不开档案统计工作，统计工作提供的大量的信息可以对档案事业进行指导、监督、协助理顺档案事业的各个方面的关系。如果没有档案统计工作提供的大数据和信息，档案管理只能是盲目地管理；没有档案统计工作的指导，档案服务利用只能是被动地服务。

科学管理档案不仅要定性分析，也要定量分析，两者结合才能实现科学管理，提高档案管理水平，以更好地指导档案实践工作。做好档案统计工作，可以为定量分析提供必要的数据。

3. 档案统计工作是提高档案学研究水平的重要保证

档案统计是档案学发展的一个表现。以前档案学研究比较偏重于研究社会科学的方法，随着科学技术的发展，档案学也逐渐运用自然科学、技术科学和管理学的方法来研究，由定性研究逐渐转变为比较关注定量分析研究。因此只有加强档案统计，认真进行分析，才能促进档案学的发展。

4. 档案统计是使档案工作处于良性运行的重要保证

从系统论的角度来看，档案工作是由档案实体管理、档案信息开发和档案反馈信息处理三个子系统组成的，档案统计工作就相当于档案反馈信息同样重要的。它可以提供正确的决策依据和监督指导档案工作的统计资料，从而保证档案工作处于良性运行状态。

要了解档案用户的需求、档案业务工作的现状、水平、成绩和不足，都离不开反馈信息的处理。而这主要是通过统计工作来实现的。比如要了解档案用户的需求，就要通过调查研究得到大量的数据资料，然后对这些数据资料进行及时地整理、分析就可以总结出档案用户的需求情况等。

第四节 现代档案的人文管理

现代档案的先进信息技术只是为档案部门解决了信息的存贮、检索、传递的问题，而没有解决人文关系的问题。因此与现代档案工作相匹配的应该是在档案部门中营造的人文气氛、倾注的人文情愫、弘扬的人文精神和提倡的人文管理。随着社会档案意识的不断增强，人们对档案信息的需求越来越强烈，从而使档案的社会公众化利用趋势越来越明显。如何应对档案利用服务的社会公众化趋势，坚持"以人为本"的人性化管理的理念，把人文关怀引进和融入档案馆的管理和服务当中，更好地发挥档案信息的服务功能，为社会提供更加良好的服务，这是档案馆在构建和谐社会当中需要研究的一个课题。

现代档案与人文管理精神应当与科学管理精神相统一。现代档案工作需要有严谨的科学管理精神，崇尚科学、尊重科学，积极研究利用各种先进的技术设备来提高现代档案的工作效率，更好地为利用者服务。人文管理精神则表现在现代档案工作实践和理论研究中以人为本的思想，来满足人的需要，实现人的价值，追求人的发展，体现人文关怀。现代科学技术在档案工作中的普及应用使档案办公自动化的程度越来越高，计算机的输入代替了独立的手工操作，网络数据库系统使检索档案信息变得十分便捷，先进的信息存贮技术使网络信息的获得突破了时空的局限，然而这时的人文意识尤其重要。当然离开了科学意识的人文精神不是真正意义上的人文意识，而离开了人文意识的科学意识也不能促进现代档案管理的发展。因此现代档案管理应当是科学意识与人文意识的融合。

人文管理是一种管理思想、管理理念、管理理论，是人类管理智慧的结晶，是科学管理发展到一定程度后产生的一种更先进、更现代化的管理手段和方法。它是建立在科学管理基础之上的，是对科学管理的修正和补充。它把理解人、关心人、爱护人作为管理者最根本的使命。

现代档案的人文管理具有双重性内涵。作为服务客体的用户管理和作为服务主体的馆员管理，都是围绕人的行为和需求进行管理的模式。以往档案的人文管理主要注重于服务客体利用者的层面，认为人文精神、人文关怀、人文管理仅是面向利用者，以利用者为中心，而忽略了人文管理的另一个层面，即作为服务主体的档案工作人员。随着档案部门的功能由单纯的收藏转向信息开发与服务，档案工作人员在档案馆服务中扮演越来越重要的角色。为了适应以数字化、网络化、智能化为特点的档案馆管理和服务，优秀的管理者将成为现代档案馆最重要的资源和首要财富。

一、档案工作人员层面的管理内涵

档案工作人员是知识的载体，是档案部门信息库的建造者、维护者和发掘者，是信息资源与利用者之间的桥梁和纽带，是档案部门内在发展的动力。因此档案部门在自我管理中首先要重视对馆员的人文管理，具体表现为：

重视不同层次档案工作人员的不同需求。利用个体差异，因势利导，充分发挥每个人的潜力。美国心理学家马斯洛把人的需求按其重要性和发生的前后次序分成五个层次：生理上的需要、安全上的需要、情感和归宿上的需要、地位和受人尊重的需要、自我实现的需要。档案部门在自我管理中要全面了解档案工作人员的不同需求层次和愿望的满足程度。

充分信任并尊重档案工作人员。为他们在岗位上提供充分发挥才干的空间，相信他们的人品、人格，相信他们对工作的责任心和工作能力。尊重档案工作人员的劳动，避免由于人为因素而导致的重复劳动。规章制度的制定要人性化，体现人文管理精神。

激发档案工作人员的主人翁意识。根据档案工作人员的不同需求在了解、信任和尊重的基础上，适当地给予激励和引导，促使档案工作人员的需求向更高层次发展。要做到奖惩分明，达到从政策上的激励和思想上的引导相结合，强化档案工作人员的主人翁意识。

二、利用者层面的管理内涵

档案部门应当在规章制度、服务方式、借阅利用氛围等方面融入人文关怀理念，具体表现为：树立"利用者第一"的观念。现代档案利用者始终处于中心地位，利用者的需求是档案部门组织一切工作的源头，档案部门能否吸引利用者是衡量其工作优劣的主要标准。因此，档案部门要在管理人员中弘扬甘为人梯、默默奉献的精神，要增强他们的紧迫感和竞争意识，要在利用者面前树立良好的形象，千方百计提高利用者对档案馆的选择力，使利用者愿意接受档案部门的影响，选择档案的信息服务。

要采取各种措施加强档案馆与利用者之间的联系和沟通，建立管理人员与各部门之间的联系，让利用者参与档案馆的管理。要练好内功、自加压力，接受利用者的监督。利用者对档案部门的满意与否，包括对档案部门的管理方式、馆藏结构、服务质量三个方面的满意度。这就要求档案部门能为利用者提供优雅、洁净的借阅环境、高质量的馆藏、齐全的服务项目、热情主动的服务态度、精湛的服务技艺以提高利用者的满意度。发扬人文精神，提倡人文管理是社会发展的需要。社会的现代化是以人的现代化为首要条件，社会进步应以提高人的认识和实践能力为目标，人的发展是社会向现代化发展的基本动力和根本目的。因此，在为人服务的同时，人文管理尤其重要。应当意识到，在发扬人文精神，为人服务的同时，人的自身价值也得到更多的体现。档案工作人员为利用者提供的服务技术含量越高，质量越好，就越能受到利用者的尊重和关注，这正体现了人文管理的双重性。

人文管理是实现现代档案部门自身价值的需要。长期以来档案部门担负着保护人类社会实践所产生的一切有价值的文件、材料，开展社会教育、传递科学信息，具有凭证作用等主要社会职能，但随着社会发展变化，教育职能和信息咨询服务职能的进一步强化。新的职能把利用者能否得到全面的个性服务摆到了更重要的位置，同时也对档案工作人员的整体素质和职业道德提出了更高的要求。档案部门从提倡人文精神，开展人文关怀到实现人文管理是信息时代档案馆管理工作的进一步发展。档案部门把人类根本价值的实现作为自身价值的源泉和基地，无论档案部门的管理方式和技术手段发展到多么先进的程度，它的价值观始终不变，它的以人为本的管理模式也不会改变。

第二章 档案管理主体多元化

第一节 理论综述

一、档案管理主体的内涵和要素分析

　　档案是人类的财富，档案管理承担着构建社会记忆以及为社会公众提供各种有价值的档案信息资源的重任。《档案工作基本术语》对档案管理的定义是：档案的收集、整理、保管、鉴定、统计和提供利用等活动。这是从微观角度对档案管理做出的解释，档案管理者包括公民、企事业单位、各级各类档案馆。档案管理者所进行的档案管理活动在实际操作层面，表现为对档案收集、整理、保管、鉴定、统计和提供利用，这是档案管理的重要内容，但不是全部内容。从宏观角度看，档案管理作为一项社会管理活动，包括前端体制政策制定和后端的监督检查。因此，笔者认为，档案管理有狭义和广义之分。狭义的档案管理指的是档案收集、整理、保管、鉴定、统计和提供利用等活动；广义的档案管理指的是档案收集、整理、保管、鉴定、统计和提供利用等活动以及对这些活动的宏观调控和监督指导。本书研究的档案管理取其广义概念。

　　《现代汉语词典》是这样解释主体的：法律上指依法享有权利和承担义务的自然人、法人或国家。那么，档案管理主体指的是从事档案收集、整理、保管、鉴定、统计和提供利用等活动以及对这些活动进行宏观调控和监督指导的自然人、法人或国家。根据这个概念，各级综合档案馆、专业/行业档案馆、营利性的档案中介组织、企业、公民等都是档案管理主体，国家、政府、档案行政管理部门、专业/行业行政管理部门是档案管理的权力主体，也是档案管理主体。而承担政府机关、国有企业档案管理工作的档案室则不能算作管理主体，因为

其不独立享有民事权利和承担民事义务。在以上众多档案管理主体中，因权力来源不同可以区分出档案管理的政府要素、市场要素和社会要素。

二、协同治理的理论来源和内涵

（一）协同学

协同学是德国科学家赫尔曼·哈肯在 20 世纪 70 年代率先提出并系统论述的一门科学理论。赫尔曼·哈肯是一位理论物理学家，他在研究激光时发现了协同现象，之后又研究了经济学、社会学、政治学等不同领域的协同现象。对于协同学的定义，赫尔曼·哈肯有过不同的表述，概括来说，协同学是研究由完全不同性质的大量子系统所构成的各种系统，研究这些子系统是通过怎样的合作才能在宏观尺度上产生空间、时间或功能结构。协同学引入我国后，我国学者对其进行了重新定义。郭治安认为，协同学是研究由大量子系统组成的系统在什么样的条件下产生相变，以及相变的规律和特征的一门综合性学科。相指的是系统维持一定的状态；相变指的是系统从一种状态转变到另一种状态。从我国档案管理的历史来看，过去政府一元管理的状态可以看成一种相，当下多元管理主体并存的状态可以看成另一种相，从一元主体管理走向多元主体协同治理的过程就是相变的过程。

（二）治理理论

西方政治学家和管理学家最早提出以治理代替统治，为治理一词兴起提供了理论支撑。同时，为解决政府大量干预导致的一系列问题，西方政府采取民营化、市场化等手段进行政府改革运动，这为治理理论的应用提供了实践契机。随着社会发展，在全球化的背景下，社会主体逐渐趋向多元化，许多非政府组织、企业等参与公共事务的管理，加之公民意识觉醒，政府改革、社会参与、合作治理等措施逐渐变革社会管理模式，治理理论应运而生。21 世纪初，我国学者开始对治理理论进行研究。治理理论的核心要义在于治理主体多元化，在这个前提下，治理理论强调各主体之间通过协商对话、交流合作等方式达成共同的价值目标。协同学和治理理论的融合产生了协同治理理论，其实质在于将自然科学中系统相变的理论引入社会治理理论中，从而为社会科学研究提供一种新的研究视角和研究方法。经过多年的理论研究和实践验证，协同治理已经发展成为现代公共治理的新方式，张仲涛等认为，协同治理理论具有丰富的内涵，包括治理主体的多元性、治理权威的多样性、子系统的协作性、系统的动态性、门组织的协调性、社会秩序的稳定性等诸多内容。陈旭认为，协同治理的前提性要件是主体结构的多元化与分散化；核心性要件是协同互动的平等性与机制性；动力性要件是自组织的协调性与共振性；导向性要件是网络结构的协作性与动态性。

三、档案管理多元主体协同治理的内涵及分析框架

（一）前提要件：多元管理主体的关系协同

主体是档案管理活动的施动者，也是协同治理行为的参与者，离开了各个主体，档案管理活动便难以开展。在多元化的档案管理主体中，包含政府、市场、社会三个要素，并以这三个要素为核心分别形成了一个相对封闭的子系统。档案行政管理部门、专业 / 行业行政管理部门虽然没有直接参与档案管理的实践操作环节，但是其以行政权力为基础对档案管理实行统筹规划、组织协调和监督指导，它们与各级综合档案馆、专业 / 行业档案馆一起，以政府要素为核心形成了一个系统，面向政府机关和国有企业展开档案管理活动。非国有企业、非营利性的档案中介组织、信息技术公司、档案外包公司等以市场要素为核心形成了一个系统，在系统内解决非国有企业的档案管理需求和服务供给。公民以及档案行业协会、档案志愿者组织等非政府组织，以社会要素为核心形成一个系统，实现公民、团体的利益诉求表达和传递、参与民主管理等自组织的价值目标。三种不同性质的主体在档案管理活动中的职责、能力是不同的，并且存在较为复杂的利益关系。因此，研究档案管理多元主体的协同治理，首先必须深刻剖析各个主体的地位、作用、诉求、优劣势等，理顺主体之间的关系；其次让各个主体在档案管理活动中都充分发挥自身优势，在子系统内部协同的基础上实现了子系统之间的协同。

然而，我国档案管理的实际状况是系统内和系统之间的管理主体普遍存在的缺乏沟通协作的问题。在政府子系统内，档案行政管理部门和行业系统行政管理部门在档案管理制度的制定、技术规范的执行等方面缺乏充分沟通；各级综合档案馆和专业 / 行业档案馆在档案管理的操作环节和提供利用环节上缺乏合作和交流。在市场子系统内，处于档案管理需求和供给端的企业，目前是一对一进行沟通与合作的。如果有一个统一的服务平台将企业的需求和产品供给整合在一起，那么处于需求端的企业将会有更多、更好选择，而供给端的企业

则可以把力活集中在需求较多的产品和服务上，这样从长远来看既降低了双方市场调研的成本，还将推动档案管理关键技术的进步。然而，目前市场系统内还没有这样一个服务平台。

（二）动力要件：各档案管理系统的非平衡态

1. 政府系统：价值目标和现实的落差

《中华人民共和国档案法》规定，档案行政管理部门对档案工作实行监督和指导，档案管理是档案工作的重要内容，机关、团体、企事业单位和其他组织的档案管理活动都应在档案行政管理部门监督和指导范围内。实际上，档案行政管理部门执法监督检查的对象主要是政府机关和国有企事业单位。既然政府的价值目标已经转变为维护档案管理秩序、为社会提供优质的档案管理服务，但现实的档案管理实践距离口标还远，那么政府要素系统内的档案行政管理部门、专业 / 行业行政管理部门，包括各级各类档案馆，就要有充足的动力采取协同行动，这也是政府系统内各主体参与档案管理协同治理的动力源泉。

2. 市场系统：利益诉求和现实的落差

对于档案管理的市场主体而言，无论是档案管理服务或产品的供给端还是消费端，获取经济利益都是其首要诉求。对于有档案管理需求的企业，档案管理是其全部管理工作的一部分，既出于企业运转的管理需求，又出于对档案查考利用的考量。在这个过程中，企业势必会对档案管理的成本和收益进行比对和核算，以最小的成本对档案进行高效管理是企业主要的利益诉求。对于提供档案管理服务和产品的企业而言，为客户量身定做档案管理服务和产品，从而获得报酬和利润，这是其主要经营模式。从市场运行机制来看，处于档案管理服务和产品供给端及消费端的市场主体，完全遵循市场规律进行交易，各自实现利益诉求。然而，这样看似平衡的市场交易系统却存在波动因素。从资源配置的角度来说，处于消费端的企业对档案管理的需求各不相同，但是仍具有各个行业档案管理需求的普遍性和相似性。这种普遍和相似的诉求如果通过一定的方式和平台反映出来将会减少处于供给端企业的市场调研成本，使其集中人力、财力和技术设计，并提供有市场价值的档案管理产品和服务，这样才能最大限度地实现交易双方的利益最大化，但现实中却没有这样一个平台。

从政府对企业的管理来说，政府一方面维护企业对其档案的所有权，维护其自行管理档案的自由和权利；另一方面希望企业承担一部分社会责任，尽可能地按照标准规范长期有效地管理档案和提供利用。承担共同构建社会记忆的责任。但是承担社会责任就意味着企业自身的管理成本会增加，因此在涉及实体档案的管理范围、管理标准、销毁处置以及电子档案的储存格式、保管时效等操作实践中，企业既要顾及自身的管理成本，还要兼顾政府对其承担社会责任的期待，这并不利于企业利益诉求达成。

3. 社会系统：公民和社会组织力量薄弱

社会系统中的档案管理主体主要指的是公民和组织化的公民群体，如档案行业协会、档案志愿者组织、非营利性的档案中介组织等。在档案管理活动中，公民在其中的角色不可忽视。从档案形成的角度看，一些档案的形成本身就是政府对公民管理的结果，比如婚姻登记档案、房产登记档案等。从档案管理的角度看，公民有管理个人档案的需求，比如对个人人事档案的管理需求；对个人在数据环境下产生的数据、凭证等的管理需求。从档案利用的角度看，是否便于公众利用是检验各级各类档案馆档案管理水平的重要指标。从公民权利的角度看，在涉及公民利益的情况下，公民有参与政策制定和监督政府行为的权利，也就是说公民有权参与档案管理制度制定，有权对档案馆档案管理情况进行监督。然而，现实情况并非如此，首先，公民的档案管理需求没有得到政府的有效回应，而是依靠市场自行解决，比如购买云盘空间存储个人档案数据、购买管理软件管理个人电子档案等。其次，公民快速便捷利用档案的需求没有得到满足，涉及民生的档案分散保存于各处，加之诸多利用限制，公民并没有获得良好的利用体验。桑玉成认为，良好的社会组织体系是构建现代化国家治理体系的四大基石之一。就档案管理活动而言，社会组织是将公民、企业组织起来，反映公民集体的利益诉求、参与档案管理和监督的有效途径。最后，社会组织是实现档案管理协同治理的南要力量，对于弥补政府在某些方面的力量不足有重要作用。

（三）实现路径：以项目或过程协同为契机，管理主体各归其位

1. 基于项目或过程的协同路径

在我国目前的管理体制下，实现档案的集中管理是不现实的也是不必要的。但是，不集中管理并不意味着没有耦合的可能性，以一个档案管理项目或档案管理全过程为契机，实现档案管理主体的局部耦合。根据管理主体各自的职能和定位，在承认价值目标和利益诉求差异的前提下，通过平台协作，制定协作机制、协作方法、协作标准和协作制度，采取协同行动以获得最大的协同效应。一个档案管理项目从立项到验收，要经过项目调研论证、协同方案制定、项目

组织实施、阶段性成果评估、反馈调整以及持续推进等多个环节。在这个过程中，档案管理的多元主体实现对话和协作。公民和社会组织可以参与项目调研论证，集中表达利益诉求，并对项目全过程进行监督。档案行政管理部门在项目推进的全过程中起组织、协调、监督和服务的作用。它既可以通过行政权力和激励机制协调多元档案管理主体的利益关系，为项目推进提供法律政策、技术标准等方面咨询和服务，又可以对项目全过程进行监督和指导。综合档案馆和专业/行业档案馆依托自身丰富的档案管理实践可以有效地整合档案资源，将自身建设成服务平台或共享平台。营利性档案中介组织、档案服务公司、信息技术公司凭借专业优势，为档案信息共享平台和服务平台建设提供技术支持。在这个过程中，政府、市场、社会系统的档案管理主体实现了交流协作，政府系统的档案管理主体为社会提供了满意的档案服务，市场系统的档案管理主体获得更大的市场份额、经济利益和社会声誉，社会系统的档案管理主体获得参与治理、表达利益诉求的机会，并从项目的最终成果中受益。

2.档案管理多元主体各归其位

政府、市场、社会系统的管理主体在具体的档案管理项目中实现主体协同，但各个主体的地位、作用不尽相同。"政府主导、社会协同"这样的协作关系更符合我国国情。郁建兴等认为，所谓社会协同治理机制，是指政府出于治理需要，通过发挥主导作用，构建制度化沟通渠道和参与平台，加强对社会的支持和培育，并与社会一起，发挥社会在自主治理、参与服务、协同管理等方面的作用，是在政府主体的治理能力高而社会主体的发育程度低的情况下所采用的一种治理方式。促进档案管理多元主体的协同治理，并非排斥政府在档案管理活动中发挥作用，而是要对政府作用进行重新定位，改变过去"一家独大"的做法，定位为主导者，通过制定政策、法律规范、提供服务实现对档案管理活动监督和指导。

在档案管理协同治理中，政府是主导者，其主要作用体现为档案行政管理部门的主导地位，体现在以下三个方面：首先，档案行政管理部门是档案管理政策标准的制定者。顺应政府职能转变的趋势，档案行政管理部门逐渐弱化微观管理职能，更多地体现在政策、制度上的宏观管理功能，引导市场主体和社会主体参与档案管理，培育和发展社会组织，以更为开放的方式，做好档案管理的宏观政策架构和顶层体系设计。其次，档案行政管理部门是档案管理活动的监督者。《中华人民共和国档案法》明确规定：县级以上地方各级人民政府的档案行政管理部门对本行政区域内的档案工作实行监督和指导。档案管理是档案工作的重要部分，无论是政府机关的档案管理活动，还是非国有企业的档案管理活动，都应在档案行政管理部门的监督范围内。最后，档案行政管理部门是协同治理平台的建设者。档案行政管理部门凭借行政权力、权威、公信力的优势，可以有效整合资源，搭建服务平台，推动档案管理多元主体协同行动。

社会组织和公民成为档案管理真正的主体，享有参与档案管理政策制定、档案管理活动监督、利益诉求表达、档案信息获取和利用的权利。档案行政管理部门让渡出的微观和部分中观方面的档案管理职能可以由社会组织承担，在反映公民和企业共同的权利主张和利益诉求、监督和指导非国有企业档案管理等方面，社会组织将成为中坚力量。

市场系统中的管理主体，如营利性的档案中介组织、档案服务公司、信息技术公司成为协同治理体系中的参与者和受益者。在和政府主体的协同中，提供政府系统购买的档案公共服务，获得经济利益和技术、专业优势积累，扩大市场占有份额。在与社会主体的协同中，依托行业协会等社会组织打破行业信息上传下达的障碍，使其与其他管理主体交流、合作更为顺畅。

第二节　改进策略

一、档案主管部门主导

在协同治理模型下，政府成为治理活动的主导力量，协调各方利益，制定规则。在档案治理体系中，档案主管部门作为档案事业的主管单位，应坚持在档案治理中进行主导，对各主体进行整合，发挥其优势。在治理活动中提升主导效能，引导各主体参与。首先，应聚焦自身核心职能，集中人力、物力、财力资源，做好全国档案事业发展的规划，明确档案治理体系的基本目标与发展方向，并借助法律手段推进各项档案事业建设，完善档案行政规章制度，将档案工作中遇到的具体问题纳入法治的框架内；其次，应转变传统工作思维，发挥社会组织、个人优势，将部门内非核心和对专业需求更高的工作向外转移，提高工作效率。在此基础上档案主管部门应发挥好监管作用，在法制框架内建立监管与惩处规则，对于行为失当或未完成治理目标的治理主体及时予以处罚。

二、以法治为原则完善规则构建

在档案治理的初始阶段，多元主体参与的组织保障以档案主管部门为核心，其他主体协同参与。这种组织形式需要以法治为原则，完善规则体系构建，通过法规的约束力和强制力予以明确，在国家层面，完善档案治理法治化建设，在相关法规标准中明确各主体身份，认可其参与档案治理的资格，如新修订的《中华人民共和国档案法》中明确提出，国家鼓励社会力量参与和支持档案事业的发展，便是以法律条文的形式鼓励社会主体参与档案治理。进一步明确各主体参与档案治理的方式和规定，鼓励社会各界参与法治化建设，搭建沟通渠道，充分考虑其利益诉求。在社会及个人层面，则需要完善制度建设，强化制度协调、约束与控制功能，弥合主体参与缝障。重视制度，强化制度供给能力，实现制度与主体参与匹配，加强对现有制度整合，统一制度体系，明确主体权利和义务，减少主体冲突。完善制度执行和考核体系，增强主体参与的可操作性，以激励、惩处体系完善参与机制。

三、立足公共价值建立理解与信任

完善的规则构建有利于确定各主体参与档案治理的权利与义务，树立规则意识并尊重治理秩序。而治理机制的长效运行则需以柔性机制为基础，通过社会资本的有效积累构建多主体之间的理解与信任，因为依靠社会资本相较于其他路径更加具有稳定性和长久性。有效社会资本构建以共性的价值认知为基础，因此，首先需要加强档案公共性发挥，共同建立档案公共价值认知，档案馆应更加重视除党政机关等机构之外的其他主体的档案需求，完善档案公共服务。认识到档案是与国家和社会的双向构建，实现档案的公共服务价值，满足公众对于研究历史、建构记忆、塑造认同与文化的需求。其次基于对档案公共价值的认同，进一步树立公共责任精神，形成尊重公共服务的共同理想，以及为他人服务、使世界更美好的价值观。最后各主体间通过对话、交流、沟通等途径共享愿景，达成对参与档案治理共性的目标追求和互惠性规范，在共同参与的过程中彼此理解、建立信任，增强民主参与意识，从而形成良好的社会资本，建立柔性机制。

（四）共建多元档案资源体系

随着档案公共价值逐步确立及档案公共服务需求增加，档案资源建设面临更多挑战，在目前我国档案资源体系中，以反映国家权力运转的国有档案为主，记录社会组织及公民生活的档案较少。发展不均衡的档案资源结构无法充分体现公民视角，也无法满足社会各界的档案公共服务需求。因此，我国应该鼓励多元主体共同参与档案资源建设，形成多元化、差异化、大众化、社会化的档案资源体系。首先，各级政府、档案主管部门和各级各类档案馆合作，充分考虑社会弱势群体需求，通过扩大建档立档范围、建立专门性档案馆等进行帮扶，如四川省、福建省、江苏省等地先后建立农民工档案馆或设置专项农民工档案；其次，各级档案馆适当转变馆藏结构，将部分反映社区建设、家庭生活等主题的档案接收进馆，如浙江省档案馆便在 2014 年首次将 11 户家庭档案接收进馆；最后，档案主管部门应适当鼓励非官方建档，个人、家庭和社群力量可基于身份认同、记忆传承等目的开展建档活动，档案馆、高校学术团体、企业等力量根据自身情况适当引导，提供专业技能、理论知识、资金等方面支持，促进非官方建档的可持续发展。

（五）倡导多元主体的业务参与

传统档案业务呈现单向的管理结构，管理主体单一，这种管理结构层次简单，有利于提升管理效率。但是对于管理活动的垄断不利于个人、社会组织参与档案业务，阻断沟通渠道。因此，应调整管理结构，适当允许公民参与档案基础业务。一方面，鼓励公众参加志愿服务，以公民档案员身份直接参与档案业务建设，提升档案管理水平，增强民主参与意识。如在线下，泉州市档案馆组织志愿者开展档案志愿服务，帮助宣传、解答档案管理规定中的相关问题，提升社会档案意识；在线上，中国家谱知识服务平台支持公民参与在线修谱，在完成注册后即可发布信息，对相关数据进行修正与补充。另一方面，档案业务的基础规则应适当向社会倾斜，将社会公众的利益诉求纳入评价标准。例如，在档案鉴定环节将鉴定规则的出发点转向国家——社会双向表达，档案鉴定标准应该同时满足多元社会主体的需求。

（六）鼓励市场化运作

随着社会档案意识提升，日益增长的档案利用需求和组织内部管理水平较低的矛盾逐渐凸显。为了缓解这一矛盾，可以开展市场化运作方式，鼓励购买服务，将市场要素纳入档案治理活动。对于档案主管部门和档案馆来说，可以通过公开采购、竞标、合同外包、公私合作等方式吸纳社会组织参与，提升档案管理效率。对于其他社会机构来说，可以通过档案中介机构、高校科研团队、外包服务公司、专业服务机构等组织建立市场化合作关系，对档案整体规划、档案管理业务、信息化建设、人员培训等进行专业指导。在市场化运作初期，应注重建设市场秩序，明确专业资质要求，规范各市场主体参与行为，如在《档案服务外包工作规范第 1 部分：总则》中便明确规定了外包工作中相关主体之间的关系及其工作规范。

（七）构建主体能力持续优化体系

为确保多元主体参与档案治理的可持续发展，应该根据主体愿景和优势确定其参与范围，基于发展原则构建主体能力持续优化体系。立足档案治理的整体目标以及各主体参与档案治理的主要功能，明确其发展导向和优化路径，并持续追踪、定期评估，其中，存在业务主管关系的，应该坚持发挥档案主管部门监督和指导作用，提出针对性改进建议；存在业务外包关系的，发包方应该明确规定承包方的服务范围，制定完整的评价指标，对承包方的表现进行评估；对于社会力量，应该加强档案主管部门指引，鼓励社会力量进行更为广泛参与，提升实践能力。逐步建立档案协会、档案工会等社会自治组织作为参与治理的主体，明确其职责和义务，使档案治理主体更加全面、完整，档案治理机制更加健全、完善。数字转型趋势除需要充分吸纳先进信息技术，加强各主体的信息技术应用能力，实现档案治理智能化、智慧化、联动化。

（八）基于数字技术保障监督和沟通

有效监督是多元主体参与档案治理机制使其顺利运转的重要保障，因此档案主管部门、国家档案馆、社会组织和个人都应该积极履行监督责任，实现彼此监督，发挥监督作用。在有效监督基础上，确保各主体间进行充分沟通和交流，以达成共识，从而确保主体间目标一致，建立信任。监督和沟通路在建设应该确保广泛的主体覆盖，让各主体均有权利、有能力参与其中。数字技术的发展有利于突破时空限制，进一步完善监督和沟通机制。因此，应该加快数字时代基础设施开发和保障，建设多中心参与环境，完善功能设计，确保公共平台、官方网站、微信、应用程序等面向监督和沟通的应用场景建设与维护，并以智慧化治理为导向，建设面向监督和沟通完备技术支撑体系，提高反馈效率，从而形成多主体互信互动的良性机制。例如，在《中华人民共和国档案法》修订期间，社会公众可直接登录中国人大网对修订草案提出意见，从而广泛参与档案事务沟通。

第三章　图书馆档案搜集、整理和鉴定

第一节　档案搜集

　　档案搜集就是按照档案形成的规律，把分散的材料接收、征集、集中起来。按照规定，通过例行的接收制度和专门的征集方法，把分散在各机关、部门、个人手中和散失在社会上的档案，集中到机关档案室和国家档案馆进行科学管理的一项业务环节。档案的搜集工作可以分为两大部分：第一，对于单位的档案室来说，主要是按期接收归档的文件和进行必要零散文件的搜集；第二，对于各级各类档案馆来说，主要是接收档案室移交的档案、接收撤销机关档案和征集历史档案。搜集工作是档案部门取得档案的手段，也是它们开展其他业务活动的前提。

一、档案搜集工作的内容

　　档案搜集是接收、征集档案和有关文献的活动。具体讲，就是按照党和国家的规定，通过例行的接收制度和专门的征集办法，将分散在各机关、组织、个人手中和散落在社会其他地方的档案，有组织、有计划地分别集中到各有关机关档案部门，实现档案的统一领导和分级管理。

　　档案搜集工作的内容主要有以下三个方面：

　　（1）机关、企业、事业单位档案室对本单位需要归档档案的接收。

　　（2）档案馆对所辖区域内现行机关、企业、事业单位和撤销单位的具有永久、长期保存价值档案的接收。

　　（3）对中华人民共和国成立以前各个历史时期形成的档案的接收和征集。

　　档案搜集工作不是一项简单的事务性工作，而是一项政策性、业务性很强的工作。一方面档案搜集工作具有明显的选择性。文件转化为档案是有条件的，在档案搜集工作中必须严格把控这些文件，在归档和接收过程中认真筛选。档案选择是按照档案部门收藏范围的设计，合理并全面进行的。另一方面，档案搜集工作受档案形成者档案意识水平、价值观以及档案部门保管条件等多种因素的制约，需要综合研究、统筹规划，提高档案搜集工作的质量。

二、档案搜集工作的地位

档案搜集工作在整个档案管理中处于一种特殊地位，做好此项工作对整个档案管理工作具有重要意义：第一，档案搜集工作是档案馆、档案室取得和积累档案的一种手段，它为档案工作提供了实际的物质对象，是档案业务工作的起点；第二，档案搜集工作是实现档案集中统一管理的重要内容和一项重要的具体措施；第三，档案搜集工作质量的高低，会直接影响到档案业务工作的其他环节的工作质量；第四，档案搜集工作是档案部门与外界各方面发生联系的重要环节之一，这是一项政策性强、接触面广，工作要求较高的工作。

三、档案搜集的基本形式

档案馆（室）取得和积累档案及有关资料的一项工作，是档案管理工作的重要环节。其手段主要有接收、征集和寄存三种形式。

按照法定的原则、程序和规定的制度移交和接收档案，是档案馆和档案室补充档案资源的最基本形式。其基本内容包括两个方面：一、各级国家机关和各种社会组织的档案室，按照规定接收各机关业务部门和文书处理部门办理完毕移交归档的文件；二、各级各类档案馆依据国家法律和有关规定接收现行机关和撤销机关的档案。接收的范围和要求：

（1）档案室接收本机关工作活动中形成的具有保存价值的各种门类和载体的档案，包括科学技术档案、会计档案等各种专门档案，录音带、录像带、照片等各种特殊载体的档案；

（2）各级档案馆接收本级各机关、团体及其所属单位具有长远保存价值的档案，以及与档案有关的资料。各个国家对于档案馆保管接收档案的范围不尽相同，有些国家的档案馆只接收具有永久保存价值的档案，有的也接收定期保管的档案。中国省级以上档案馆接收具有永久保存价值的、在立档单位保管已满 20 年左右的档案，省辖市（州）和县级档案馆接收永久和长期保管的、在立档单位保管已满 10 年左右的档案；

（3）档案室和档案馆正常接收的档案，要求齐全并按规定整理好，进馆档案应遵循全宗和全宗群不可分散的原则，保持原有全宗的完整性及相关全宗的联系性。

征集流散在各机关、各部门、个人与国外的有价值的各种历史档案和相关资料，是档案馆搜集工作中必不可少的补充手段，分为非强制性的和强制性的两种。一般在协商的基础上，采取复制、交换、捐赠、有偿转让等方式，将档案集中到档案馆；在特殊情况下，集体和个人所有的对国家和社会具有保存价值的或需保密的档案，当其保管条件恶劣或者由于其他原因被认为可能导致档案严重损毁和不安全时，国家可将其收购或征购入馆，也可代为保管。

寄存一般是通过协议的形式将档案存放到档案馆。寄存档案的单位或个人不失其所有权，并享有优先使用权以及能否准许其他人利用的决定权。已保存在博物馆、图书馆、纪念馆等单位的，同时也是档案的文物或图书资料等，一般由其自行管理。

四、档案搜集的制度

1. 档案搜集包括档案的接收、征集以及网络数据采集等方式。

2. 档案材料搜集范围：凡是对全区各项事业发展有参考利用价值的各类原始材料都属于档案搜集范围。

3. 任何个人都不得以任何理由拒绝向区档案馆归档移交有价值的档案材料。

4. 档案材料搜集应该形成定期送交制度和联系催要制度。

（1）定期送交制度

形成档案材料的各职能部门，应在文件材料办理完毕的第二年，按照区档案馆所要求的归档时间、归档质量的要求，归档移交到区档案馆。

（2）联系催要制度

区档案馆工作人员应经常了解和掌握形成档案材料的信息，及时向形成材料的部门催收应归档的材料。

5.搜集材料的要求：

（1）搜集进档案室的材料必须是办理完毕的原始材料（原件），要完整齐全、真实、文字清楚。

（2）不符合归档要求的档案材料，档案馆将责成档案材料形成的相关职能部门按要求完成。归档材料统一使用 A4（80G）规格的办公用纸（专业特殊要求的除外）。只能用碳素墨水、蓝黑、黑色墨水书写。禁止使用纯蓝、红色墨水、圆珠笔、铅笔书写。禁止色带打印、墨水打印材料归档；禁止传真形成材料归档。

（3）材料必须齐全、完整。各部门完成的当年工作职责应该有相应材料佐证。包括录音、录像、照片、幻灯片、图片、表格及文字材料。整件事情形成的成套材料必须配齐，保持文件材料之间的逻辑联系。

第二节　档案整理

档案馆（室）对搜集来的档案分门别类组成有序体系，是档案管理中的一项基础工作。并对档案进行区分全宗、分类、立卷、编制案卷目录等一系列的活动。这项工作的目的是建立档案实体的管理秩序，为档案鉴定、保管、检索、利用、编纂等工作奠定基础。

一、档案整理工作的内容

档案整理工作包括区分全宗、全宗内档案的分类、立卷（组卷、卷内文件的排列和编号、填写卷内目录和备考表、拟写案卷标题、填写案卷封面）、案卷排列和编号、编制案卷目录等业务环节。

按照我国文书工作和档案工作的管理体制与分工，档案整理工作是分阶段进行的。其中，全宗内档案的分类、立卷、案卷排列和编制案卷目录等业务环节，一般由文书部门或文书人员承担，即文书立卷；归档案卷的统一编号和排列由档案室承担；全宗的划分和排列多由档案馆承担。在某些特殊情况下，如当档案室（馆）接收到整理质量不佳或基本未经整理的零散档案时，就需要对档案进行局部或全部程序的整理。

（一）系统排列和编制案卷目录

这种情况是指档案室对接收的已经立卷归档的案卷，按照本单位档案的分类和排列规则，进行统一的分类、排列和编号，使新接收的案卷同已入库保存的档案构成一个整体。

（二）局部调整

这种情况是指对已经接收进档案部门的部分质量不合格的案卷所做的局部改动和调整工作。

（三）全过程整理

这种情况是指档案部门对于接收到的零散文件所进行的从区分全宗到编制案卷目录的全部整理工作。

二、档案整理工作的原则

档案整理工作的原则是：保持文件之间的历史联系；充分尊重和利用原有的整理成果；便于保管和利用。

（一）保持文件之间的历史联系

保持文件之间的历史联系，是档案整理工作的根本性原则。文件之间的历史联系是文件在产生和处理过程中所形成的内部相互关系，也被称为文件的"内在联系""有机系"。在档案整理工作中保持文件之间的历史联系，其目的在于使档案客观地反映形成者的历史面貌。文件之间的历史联系主要表现为以下四个方面。

1.文件在来源上的联系

文件的来源一般是指形成档案的社会组织或个人。同属于一个形成者或同类型形成的文件在来源上有着密切的联系。例如：××物业公司的收文、发文和内部文件，属于一个形成者，具有来源上的密切联系。

因为不同来源的文件反映不同形成者历史活动的面貌，所以整理档案时必须首先保证文件在来源上的联系，也就是说，档案不能脱离其形成单位；同时，不同来源的档案也能混淆在一起。

2.文件在内容上的联系

文件的内容一般是指其所涉及的具体事务或问题。同一个事务、同一项活动、同一个问题所形成的文件之间必然具有密切的联系。整理档案时，保持文件之间在内容上的联系，有利于完整地反映其形成者各种活动的来龙去脉和基本情况，也便于查找利用。

3. 文件在时间上的联系

文件的时间一般是指其形成的时间。整理档案时，保持文件之间在时间上的联系，有利于体现其形成者活动的阶段性、连续性和完整性。

4. 文件在形式上的联系

文件的形式一般是指其载体、文种、表达方式以及特定的标记等因素。不同形式的文件往往具有不同的作用、特点和管理要求。整理档案时，保持文件在形式上的联系，有利于揭示文件的特殊价值，便于档案的保管和利用。

（二）充分尊重和利用原有的整理成果

充分尊重和利用原有的整理成果是指后继的档案管理者要善于分析、理解和继承前人对档案的整理成果，不要轻易地予以否定和抛弃。在整理档案时充分尊重和利用原有的整理成果，应该做到：第一，在原有整理成果基本可用的情况下，要维持档案原有的秩序状态；第二，如果某些局部整理结果明显不合理，可以在原来的整理框架内进行局部调整；第三，如果原有的整理基础的确很差，无法实行有效管理，可以进行重新整理。但是，重新整理时应该尽可能保留或利用原有基础中的可取之处。

（三）便于保管和利用

整理档案时，一般情况下，保持文件之间的历史联系与便于保管和利用之间是一致的。但是，在某些特殊的情况下，二者之间可能会发生一定的矛盾。例如：产生于同一个会议的档案，有纸质文件、照片、录像材料，甚至还有电子文件等，它们的保管要求各不相同，在整理时就需要综合考虑各种因素，在保持文件之间历史联系的前提下，采取分别整理的方法，以利于档案的保管和利用。

三、全宗

（一）全宗的概念

全宗是一个国家机构、社会组织或个人在社会活动中形成的具有有机联系的档案整体。一个全宗，反映了一个单位或个人活动的全过程。同时，全宗也是档案馆（室）对档案进行科学管理的基本单位。

（二）立档单位及其构成条件

立档单位，就是全宗构成者。社会上每一个独立的单位或个人，在行使其职能活动的过程中势必会形成一定的档案，这个单位或个人的所有档案之间具有一定的联系，这样一个档案整体为全宗，而形成这些档案整体的单位或个人，就称为"全宗构成者"，又称"立档单位"。

全宗按其形成的单位和内容性质，可以分为组织全宗和人物全宗，相应形成全宗的立档单位也有两类，即机关、企事业单位。

1. 组织全宗

由于各单位的实际情况相对比较复杂，判定哪些单位是立档单位，哪些单位的档案能够构成一个独立全宗，其主要是看这几个条件：可以独立地行使职权，并能以自己的名义对外单独行文；有专门的管理人事的机构或人员，并有一定的人事任免权；有独立的预决算，有单独管理财务的机构或会计人员。这三个条件是相互联系、相互制约的。在实际应用时，应以判定能否独立行使职权为中心，全面地分析研究有关单位职权的法规性、领导性文件和实际活动，合理判定立档单位。

2. 人物全宗

又称"个人全宗"。一般是指对社会有突出贡献或重要影响的个人在其一生活动中形成的档案整体。历史上一些著名的家庭、家族所形成的档案，也属于人物全宗的类型，形成人物全宗的个人、家庭、家族，也是立档单位。

个人全宗内的文件材料应包括：该个人自己形成的有关文件材料，如著作的原稿、手稿、书信、日记、笔记、遗书、遗嘱；有关人士撰写与搜集的与该个人有关的文件材料，如回忆录的手稿与印本，该个人的录音带、录像带、照片、签字材料；该个人的亲属，特别是直系亲属形成的，能够说明立档单位历史情况的文件材料。

这些人物大多在某个单位担任过一定的职务，在具体处理个人档案与公务档案的归属时，要慎重处理，应分清各自的重点，尽可能避免两种档案的交叉。个人在从事各种公务活动中所形成的文件材料，一般不应收入人物全宗，而应当作为有关组织全宗的一个组成部分。

（三）全宗的补充形式

全宗主要分为常规全宗和特殊全宗两种类型。常规全宗即一般情况下的独立全宗。在难以区分和不便区分独立全宗的情况下，采取全宗的特殊形式，即补充形式。全宗的特殊形式主要分为联合全宗、全宗汇集和档案汇集三种。其中，独立全宗只有一个立档单位，是大量存在的，而全宗的补充形式一般都有两个以上立档单位。

1. 联合全宗

在某些特殊情况下，若干个互有联系的独立单位形成的档案，因难以区分而作为一个全宗统一管理，这就是联合全宗。它通常在以下两种情况下出现：一是前后有密切继承关系的机关，由于工作联系紧密，各自形成的文件已经混杂在一起，成为档案"连体"，难以分开；二是合署办公或职能联系紧密的单位，彼此的文件混杂在一起，无法区分。在这两种情况下，可以把这两个或两个以上立档单位形成的档案组合为一个全宗进行管理。联合全宗虽然是由两个及以上立档单位形成的，但它们的档案则被看作同一个全宗内的档案，编一个全宗号，按一个全宗整理和保管，全宗名称应列出联合的立档单位名称。

2. 全宗汇集

全宗汇集又称汇集全宗，是指若干个性质相近、档案数量极少的独立全宗，因管理不便而按一定特征组合起来的管理形式，具体有两种形式：一种是档案馆接收的若干基层单位的全宗，由于形成档案数量不多，而组合在一起的集合体；一种是由于一些全宗内的档案残缺不全且数量少，从而构成的小全宗集合体，如历史档案。在具体采用这种形式时必须注意，由于全宗汇集是一种人为的行为，所以立档单位的工作性质必须是相近的或具有某种历史联系。汇集全宗在管理中虽然作为一个全宗对待，只给一个全宗号，但内部的档案分类及排列，必须按不同的立档单位相互区别开，不能混淆，便于以后发现其中某一全宗的大量档案时，可以从全宗汇集中分离出来，建立单独全宗。全宗名称可以用一个概括性的名称。

3. 档案汇集

档案汇集，是由若干所属全宗不明的，或所属全宗不复存在的零散的档案汇集而成的一种全宗补充形式。档案汇集的形成原因是档案不知所属全宗，但只要考证出档案所属全宗，就随时可以将该份档案文件回归所属全宗。

全宗的补充形式具有较大的人为性，在实际工作中不能随意乱用，只有在不能使用独立全宗的管理模式时才使用。但是，一经采用，就必须在管理上与其他全宗同等看待，即编一个全宗号、统一排列、统一管理。

（四）立档单位变化对全宗划分的影响

1. 政权更迭的全宗处理

不同政权中的政权机关，虽社会职能相同或相近，但因所属政权性质不同，档案应构成不同全宗。

新中国成立前后存在的政治性质不明显的立档单位，其档案一般构成一个全宗，但可分为两个不同部分进行管理。

党派、政党、社团和宗教组织在各个历史时期，其宗旨和组织成分没有发生根本性变化，其档案应构成一个全宗。

新中国成立前后存在的政治色彩较强的立档单位，如警官学校、军事院校、干部学校，其档案一般应分别构成不同的全宗。

个人全宗，无论是否跨政权存在，政治立场、信仰、职业是否有重大变化，其档案均应构成一个全宗。

需要说明的是，企业档案的全宗划分受政治和政权影响相对较小。

2. 立档单位基本职能变化的全宗处理

（1）基本职能的根本性变化

基本职能的根本性变化一般表现为下列四种情况。

第一，在一个撤销单位的基础上新成立的立档单位。凡是新成立的并具有一定独立性的立档单位，就构成新的独立全宗。因为一个新的单位，有新的职责与任务，从成立之日起，形成的档案就成为一个新的全宗，而被撤销单位的全部档案也是一个全宗。

第二，几个立档单位合并或兼并。两个或两个以上的立档单位，合并为一个新的独立单位，合并前各单位应构成各自的全宗，在合并后，原全宗结束，合并后的单位所形成的档案成立一个新的全宗。如果是由其中一个立档单位兼并另外几个单位，则被兼并的几个单位原先档案仍然构成各自全宗，而兼并的立档单位兼并前后的档案同属一个全宗。

第三，立档单位分立。一个立档单位撤销后，被分立成两个或两个以上的立档单位，被撤销的单位，原全宗内档案到撤销之日为止构成一个全宗，所分离的若干个小的独立单位，分别开始形成各自的新全宗。目前这种分立的情况比较普遍。

第四，内部机构独立或并入。原是一个立档单位的内部机构，从立档单位内部脱离出来，成为一个新的独立单位。它在独立之前所形成的档案，仍属于原立档单位全宗的一部分，独立之后所形成的档案构成新的全宗。如果一个立档单位的内部机构，因故并入一个新的立档单位，那么，并入前的档案是原立档单位全宗的一部分，而并入后的档案成为新的立档单位全宗的一部分。

（2）基本职能的非根本性变化

立档单位名称变更、地址变迁、职权范围的扩大或缩小、隶属关系的改变、内部机构的调整等变化，以及由于某种原因暂时停止工作一段时间等。这些均属于非根本性变化，对全宗划分不产生影响，一般不构成新的全宗。

3.临时性机构的全宗处理

按照国家有关规定，临时性机构一般不建立单独全宗，其档案应纳入主管单位档案全宗统一管理。但如果该临时性机构存在时间较长、产生档案数量较多、档案内容比较重要，也可根据实际情况，构成独立全宗。

以上是当立档单位发生变化时，划分全宗必须掌握的一般原则和方法，在实际工作中，情况要复杂得多，必须以全宗理论为依据，对每个立档单位的变化情况进行具体分析，才能正确区分和处理全宗的划分问题。

（五）立档单位与全宗历史考证

立档单位与全宗历史考证是一种对立档单位及其档案基本情况进行反映和说明的文字材料。一般由"立档单位沿革"和"全宗状况"两部分组成。

1.立档单位沿革

立档单位沿革一般包括：立档单位成立的时间和原因，立档单位的名称及变化；立档单位的基本性质、职能、职权范围，隶属关系及变化；立档单位的主要活动情况，如活动地点、内容；历届主要领导人及内部组织机构主要负责人的姓名与任期、内部机构设置及演变；文书工作制度及其变化情况，文书工作中使用的各种公章及文书处理戳记等；立档单位撤销的时间、原因，继承或兼并单位的名称。

2. 全宗状况

（1）全宗现状

全宗现状包括档案的来源、内容和载体的概况，档案的数量及所属的年代，档案的利用价值，进馆后档案的整理鉴定、利用情况等。

（2）全宗的历史状况

全宗的历史状况包括档案进馆（室）前的保管单位和保管条件，档案馆（室）接收档案的时间和原因，该全宗档案过去是否经过整理、鉴定，档案是否曾受损或被销毁等。

这些内容以文字表述为主，必要时可采用图表结合文字的方式，如领导人姓名一览表、内部组织机构设置与关系图。立档单位和全宗历史考证，一般由档案室负责撰写，整理过程中不断修改补充，全宗整理结束后，存入"全宗卷"内，在档案移交档案馆时一同移交。

第三节　档案鉴定

一、档案鉴定的内容

档案鉴定工作包括档案的价值鉴定和档案的真伪鉴定两个方面的内容。目前，档案界所称的档案鉴定主要是指档案的价值鉴定。档案价值鉴定工作就是将各个档案机构按照一定的原则、标准和方法来鉴别和判定档案的价值，确定档案的保管期限，并据此销毁失去保存价值的档案的工作。

档案价值鉴定工作的内容主要包括：制订鉴定档案价值的有关标准；具体判定归档文件的价值，确定其保管期限；审查保管期届满的档案，对确无保存价值的档案予以销毁；定期开展档案开放鉴定。

二、档案鉴定的原则、标准

档案鉴定必须从国家和人民的整体利益出发，用全面的、历史的、发展的观点判定档案的价值。

同时，为保证鉴定工作的客观、可靠，必须建立明确的档案价值鉴定标准。

档案鉴定的标准主要有来源、内容、相对价值和形式特征等几个方面。来源标准是指档案的形成者在社会上以及机关内的地位、作用和职能可能影响甚至决定档案的价值。档案内容是决定档案价值最重要的因素。内容标准主要是指档案内容的重要性、独特性和时效性。档案的相对价值标准，主要依据所存档案的完整程度、档案内容的可替代程度和各全宗之间档案的重复程度三个方面去判定。档案的形式特征是指文件的名称、文本、可靠程度、外形特点等，这些特征在某种程度上会影响到档案的保存价值。

总之，档案的价值是由各个因素决定的，必须根据每份或每组档案的具体情况，从档案的内容入手，综合考察分析其来源、时间、形式等因素，全面判定档案的价值。

三、档案鉴定方法

鉴定档案价值的基本方法是直接、具体地审查档案，通常把这种方法称为直接鉴定法。直接鉴定法要求档案鉴定人员逐件逐页审查档案材料，从它的内容、作者、名称、可靠程度等方面，全面考察分析并确定其价值。

直接鉴定一般以案卷为基本单位进行，比如，一个案卷内存有不同保存价值的文件，文件之间又有密不可分的联系，则以其中最重要的文件价值来确定保管期限，一般以不拆卷或个别拆卷的办法来处理。

四、档案鉴定工作程序

（一）归档鉴定

首先，由文书部门或业务部门在档案室指导下，制定本单位的《文件材料归档范围和保管期限表》。之后，剔除没有保存价值的不归档文件，再按照《保管期限表》对归档文件确定保管期限。

（二）档案室的鉴定工作

档案室的鉴定工作一般包括：对归档材料的初始鉴定结果进行质量监控，检查所定的保管期限是否准确，对不符合要求的做局部调整。同时，对保管期限届满的档案进行复查鉴定，重新审定其是否需要继续保存，对其中仍有保存价值的档案，重新划定保管期限，对于失去保存价值的档案，剔除并按规定销毁。

（三）档案馆的鉴定工作

档案馆的鉴定工作一般包括：对进馆档案的保存价值、整理质量和保护状况进行检查；对封闭期已满的档案进行开放和划控鉴定；对馆藏档案开展定级鉴定；对保存期满的档案做复查鉴定以确定存毁。

五、档案销毁

档案销毁是将已失去保存价值的档案材料以特定的处理方式改变正常的物理载体形式，从而使其所携带的信息无法被还原。

（一）档案销毁清册

凡需销毁的档案，必须编制销毁清册。销毁清册是记录剔除销毁的档案的登记簿，也是日后查考档案销毁情况的凭据。

档案销毁清册封面上的项目有：全宗号、全宗名称、立档单位名称、编制档案销毁清册单位名称和编制时间等。

销毁档案登记栏是档案销毁清册的主要部分，其主要项目有：序号、案卷或文件题名、起止日期、号码（案卷目录号、案卷号或文件字号）、数量、销毁原因、备考等。具体项目可以根据具体情况进行增减。一般以案卷为单位登记，必要时，也可以按文件登记。

档案销毁清册应以全宗为单位编制，每一清册至少应一式两份，一份留档案馆（室），一份送有关领导审查批准，如果要报档案行政管理部门备案，则需一式三份。

（二）档案销毁审批制度

鉴定需要销毁的档案，应当编制销毁清册，办理批准手续。各单位需要销毁的档案，须经单位审核批准后施行；档案馆需要销毁的档案，须经鉴定委员会审核，报主管领导部门批准后施行；销毁 1949 年以前形成的档案，须经单位领导人或鉴定委员会审核，并同时报国家档案局批准。经办理审批手续后，再对需要销毁的档案检查准确无误后方可实施。

（三）档案销毁方式

档案可以送到指定造纸厂化成纸浆，这是销毁大批量纸质档案最为常用的一种方式；数量少而又具有机密性的档案应当先用碎纸机打碎再做处理；以磁带、磁盘、光盘等为载体的档案，可以采用物理删除、格式化或焚烧等方式销毁。无论采取何种方式进行销毁，都必须严格坚持两人以上监销的原则。监销结束，监销人员须在销毁清册上签字，并注明"已销毁"字样和销毁方式、销毁日期。已经销毁的科技档案，应在目录上注销，并对排列顺序进行相应调整。

第四章 图书馆档案保管和统计

第一节 档案保管工作

一、档案保管工作含义与内容

档案保管工作，是指根据档案的成分和状况，对存入库房的档案进行日常管理和安全防护工作。档案保管工作的内容主要包括三个方面。

（一）档案库房管理

档案库房管理，即库房内对档案进行科学管理的日常工作，包括配置适宜安全保存档案的专门库房、档案库房与装具编号、档案排架存放、库房内温湿度控制与调节；防盗、防火、防尘、防有害气体等必要措施。

（二）档案流动过程中的保护

档案流动过程中的保护，即档案在各个管理环节中的安全防护，指从档案接收搬运开始，在整理、鉴定、利用和编研等工作过程中的保护。

（三）保护档案的专门措施

保护档案的专门措施，即为延长档案寿命而采取的各种专门技术措施，主要包括复制、修裱、消毒、灭菌等措施，目的是延长档案寿命，便于档案长期保存和利用。

二、档案保管的基本物质条件

（一）档案库房

档案库房是档案保护的首要条件，是保存档案的最基本物质条件，各级各类档案馆（室）必须有适宜的保管档案的库房。作为中小型档案室，其用房一般由档案库房、档案阅览用房和档案人员办公用房组成。

（二）档案装具

档案装具主要有档案架、档案柜、档案箱三种。目前的档案装具中，活动式密集架在有效利用库房空间、坚固、密闭等方面具有较好的性能，其库容量比常规装具可提高 80% 以上。因此，密集架不失为现有最经济实用的档案存放设施，使用密集架是在荷载允许的条件下提高库容量、解决库房不足的有效途径。

（三）档案包装材料

目前，我国包装纸质档案的基本材料主要为卷皮、卷盒和包装纸三种，这三种要求符合国家的有关规定，以利于档案安全保管。

根据国家档案局推广应用无酸卷皮（盒）的通知要求，2001 年起上海地区的归档卷均统一使用无酸卷皮（盒），这是档案保管工作标准化的一个措施。

（四）档案保管设备

档案保管设备主要是指在档案保管和保护中使用的机械、器具、仪器、仪表等技术设备。用于档案保管的技术设备种类很多，主要有：去湿机、加湿器、空调、通风设备、温湿度控制仪、防火及防盗装置、灭火器、电视监控设备等。

三、档案的存放与排列

（一）档案的存放方式

在将档案放入档案架柜时，档案的存放方式一般有竖放和平放两种。大多数的档案馆（室）采用竖放方式，平放比较适宜保管珍贵档案以及卷皮质软、幅面过大、不宜竖放的档案。

另外，科技档案尤其是底图和蓝图类档案的存放方式选择要更加注意。底图应在特殊的底图柜中存放，其存放方式有两种：平放和卷放。平放方法能保证底图的平整，取放方便，但占用空间大；卷放方法能够节约空间，但取放不方便，容易造成底图的磨损。这种方法适用于特大特长幅面底图的存放。底图禁止折叠存放，以免出现折痕，影响图面的清晰度和准确度，并缩短其保管寿命。为保护底图不被撕破，可用胶纸通过压力机将底图四边包上。

蓝图纸张的机械性能比底图好，可以折叠。蓝图的折叠有一定的要求：一般以四号图纸幅面大小进行折叠，左面要留出装订线；折叠的图纸要向图纸正面以手风琴式方法折叠，不宜反折或卷筒式折叠；图纸的标题栏应露在右下角外面，以便查阅。折叠后的蓝图，若是不常查阅的，可以装订成册。不管是否装订，蓝图上所有的金属针都应去掉，以防生锈。折叠后的蓝图，存放在盒子里比较合适。蓝图柜可用一般的公文柜，在库房条件好的情况下，也可以用档案架。

（二）档案存放次序的管理

档案存放次序是指档案在库房及装具中的存放次序，目的是避免存放次序上的错乱，主要有两种方法。

1. 档案存放位置索引

档案存放位置索引是以表册和卡片的形式如实记录和反映档案在库房及装具中的存放次序情况。主要作用是便于档案人员迅速调归档案和其他日常管理，更有助于新手掌握情况，一般有两种编制方法。

（1）以全宗为单位编制的档案存放位置索引指明各个全宗的档案分别存放的具体库房和装具方位，参见表4-1。

表4-1　以全宗为单位编制的档案存放位置索引表

全宗名称：全宗号：									
案卷目录号	案卷目录名称	目录中案卷起止编号	存放位置	楼	层	房间	柜架（列）	柜架	层、格、箱

（2）以库房和装具为单位编制的档案存放位置索引指明各个库房和装具存放档案的具体情况，参见表4-2。

表4-2 以库房和装具为单位编制的档案存放位置索引表

楼： 层： 房间：								
柜 架 （列）	柜架	层（格、箱）	存放档案					
			全宗号	全宗名称	案卷目录号	案卷目录名称	起止卷号	

一般来说，档案存放位置索引比较适合用于档案馆和存有多个全宗的档案室。特别是第二种形式，可采用大型图表形式张贴或悬挂在库房入口，便于随时查阅。

2. 档案代理卡

档案代理卡又称"代卷卡"，是档案保管人员编制和使用的一种专门指明案卷去向的卡片。档案代理卡既可以有效防止档案放错位置的现象，又可作为档案人员统计、分析档案利用情况的数据，见表4-3。

表4-3 档案代理卡

全宗号	目录号	卷号	调出时间	移往何处	库房管理人员签字（移出）	归还日期	库房管理人员签字（收回）
				单位名称	经手人签名		

（三）全宗卷

全宗卷是档案馆（室）在管理某一全宗过程中形成的、能够记录和说明该全宗立档单位及档案历史和现状的有关文件材料所组成的专门案卷，是管理全宗档案的重要工具。每个全宗都应建立全宗卷，各个档案馆（室）都必须将建立全宗卷作为一项基本的工作制度。

1. 内容构成

档案馆（室）应以全宗为单位编制全宗卷。根据《全宗卷规范》（DA/T 12-2012）的规定，全宗卷的构成内容包括：

（1）全宗（馆藏）介绍方面的材料：全宗指南（全宗介绍）、大事记等说明全宗背景和档案状况的文件材料。

（2）档案搜集工作中的材料：档案接收和征集工作的办法、标准，档案（资料）交接文件及相关目录，档案来源和档案历史转移过程说明材料等。

（3）档案整理工作中的材料：文件材料分类、保管期限和归档范围的规定，档案整理工作方案、整理工作说明和小结等。

（4）档案鉴定工作中的材料：档案保管期限鉴定、档案开放鉴定、档案分级鉴定、档案销毁鉴定、珍贵档案考证鉴定等鉴定工作的制度、组织、方案和标准，鉴定工作形成的报告、请示及批准，鉴定及销毁处置档案的目录（清册）等。

（5）档案保管工作中的材料：档案保管工作制度，档案安全检查、档案破损情况调查与修复（抢救）、重点档案保护、珍贵档案仿真复制件制作等工作的记录和说明材料，档案保管状况分析和工作总结、报告等。

（6）档案统计工作中的材料：档案基础统计台账、档案工作基本情况统计报表、档案工作统计分析材料等。

（7）档案利用工作中的材料：档案利用制度、检索工具编制情况、档案开放与控制情况、档案编写与出版情况、档案展览与公布情况、珍贵档案介绍、档案利用效果典型事例等。

（8）新技术应用中的材料：应用现代技术管理档案的情况记录、工作报告及说明材料、档案信息化和数字化工作情况、电子档案（文件）创建和应用环境（硬件和软件）及数据格式说明等。

（9）综合全宗卷：管理馆藏、全宗属类、全宗群或联合全宗的综合性业务工作规范和管理制度，以及上述材料中涉及多个全宗的文件材料。

2. 全宗卷的整理

全宗卷内文件材料是随着全宗管理的延续而逐渐增加的，必须注重平时的积累，将全宗日常管理中产生的材料及时归入卷夹内，当材料积累到一定数量后进行整理组卷。

全宗卷内文件材料按"问题—时间"的方法进行系统排列。先将所有材料分成全宗介绍、立档单位大事记和有关档案搜集、整理、鉴定、保管、统计、利用和新技术应用等类别，再按顺序排列，在此基础上参照文件档案目录编制卷内文件目录。

文件材料的编号由"全宗号—类号—件号"三部分组成，一般在文件材料首页上方的空白处进行编号。综合全宗卷的全宗号，填写档案馆（室）编号或档案属类代号。全宗卷文件材料按照分类编号顺序装盒。文件材料较多，一盒装不下时，可按分类编号顺序装入卷盒。装有文件材料的全宗卷应填写卷盒封面。全宗卷卷盒区分全宗，按卷盒排列顺序编制流水号，综合全宗卷单独编制盒号。

3. 全宗卷的保管

档案馆和保管全宗较多的档案室，应将全部馆（室）藏档案的全宗卷集中保管，按照全宗号顺序排列编制全宗卷目录。保管单一全宗的档案室，全宗卷可与档案一并保管，将全宗卷置于该全宗档案的卷首，也可以将全宗卷与书本式检索工具放在一起进行管理。

档案室建立全宗卷，应采用双套制。档案室向档案馆移交档案时，应同时移交与该批移交档案相关的全宗卷文件材料。

第二节　档案统计工作

一、档案统计工作的内容

档案统计是指运用一系列的统计技术和方法，通过图册和数字的形式描述和分析档案工作中的各种现象、状态和趋势的工作过程。它是了解、认识和掌握档案工作总体情况的重要手段。保证统计资料的准确性、及时性和科学性是档案统计工作的基本要求。

档案统计工作主要包括档案的基本登记和综合统计两部分。从统计对象来看，档案统计工作可分为两个方面：一是对档案实体及管理状况的统计；二是对档案事业组织与管理状况的统计。

二、档案统计工作的步骤

档案统计工作包括三个步骤，即档案统计调查、档案统计整理和档案统计分析。

（一）档案统计调查

统计调查的基本形式分为统计报表和专门调查两种。统计报表是各级档案行政管理部门和档案馆（室）按照统一的规定自下而上的向同级和上级档案行政管理部门定期传送的统计材料。统计报表往往带有专业性和强制性。

作为统计报表的补充，专门调查是为了认识和解决某一专门问题而临时组织的调查，其目的是用来反映某一事物在一定时间内的发展水平和状态，所以往往采用的是一次性调查形式，一般可以分为普遍调查和抽样调查两种类型。

（二）档案统计整理

档案统计整理是档案统计工作的第二阶段，是对经过统计调查所获取的原始数据进行加工汇总等综合处理，使之规范化、系统化的工作。档案统计整理的具体方法有两种：统计分组和统计表。

统计分组是档案统计整理中的一个重要方法，是对统计对象和有关数据按某种特征或标准进行的分类，然后将各组内的统计对象和数据进行排列、汇总，从而说明各类现象的特征与发展规律。统计表就是把档案统计调查得来的原始数据进行汇总时使用的一种工具和表述方式。

（三）档案统计分析

统计分析是档案统计工作的最后阶段。通过对各级档案部门的工作进行分析和比较，可以更好的了解和掌握档案工作的规模、水平和发展趋势，从而充分发挥档案在国家经济社会发展中的作用。

档案统计分析主要有对比分析、静态分析、动态分析与综合分析等方法，还有相关分析、因素分析、专题分析与系统分析等。各单位可以根据统计工作的任务和目标选用合适的统计方法。

三、全国档案事业统计年报制度

为了准确的掌握全国档案事业的基本情况，以便对全国档案事业实行科学管理，国家档案局于 1983 年建立全国档案事业统计年报制度，该制度已纳入到国民经济和社会发展计划的统计中。全国各级各类档案部门须按照年报制度要求，依法认真贯彻执行。

第五章 图书馆档案检索和利用

第一节 档案检索

档案检索是指对档案信息进行系统存储和根据需要进行查找的工作，是开展提供利用工作的基本手段，是开发档案信息资源的必要条件。档案部门根据利用需求编制检索工具，建立检索体系，并帮助利用者查找档案的活动。它属于一项档案信息资源开发的工作，目的是为档案的提供利用创造先天条件。

一、档案检索的内容

档案检索是指对档案信息进行系统存储和根据用户需要进行查找的工作。档案检索包括档案信息存储和查检两个阶段。其中，存储包括著录标引和编制检索工具。

档案检索的手段通常有两种：一种是手工检索；另一种是计算机检索。

档案检索语言主要有两大类：一类是分类语言；另一类是主题语言。目前我国档案部门编制和统一使用的档案检索词典有：《中国档案分类法》和《中国档案主题词表》。

二、档案著录

档案著录是在编制档案目录时对档案的内容和形式特征进行分析、选择和记录的过程。内容特征是指对档案主题的揭示，包括档案的分类号、主题词、摘要等；形式特征是指档案的题名、责任者、形成时间、地区、档号、文种和载体等。

为了推行档案著录的标准化和规范化，我国制定并颁布了行业标准《档案著录规则》，作为全国档案著录的规范性依据。这个规则主要包括以下内容：

（一）著录项目

档案的著录项目是指用以揭示档案内容和形式特征所需要记录的事项。根据《档案著录规则》的规定，档案的著录项目有以下七项：

1. 题名与责任说明项

该项包括正题名、并列题名、副题名及说明题名文字、文件编号、责任者、附件六个单元（小项）。

2. 稿本与文种项

该项包括稿本、文种两个单元。

3. 密级与保管期限项

该项包括密级、保管期限两个单元。

4. 时间项

5. 载体类型及形态项

该项包括载体类型、数量及单位、规格三个单元。

6. 附注与提要项

该项包括附注、提要两个单元。

7. 排检与编号项

该项包括分类号、档案馆代号、档号、电子文档号、缩微号、主题词或关键词六个单元。

这些项目中正题名、责任者、时间、分类号、档号、电子文档号、缩微号、主题词或关键词为必要著录项目，其余为选择著录项目。只著录必要项目的，称为著录简要级次；除了著录必要项目，还会全部或部分著录选择项目的，称为著录详细级次。

（二）著录格式

著录格式是著录项目在条目中的排列顺序及表达方式。《档案著录规则》规定，一般使用段落符号式的条目格式，在实际工作需要中也可以使用表格式条目格式。

段落符号式是指将著录项目分为若干项目，每个项目之间用符号分开的著录格式。在这种格式中，每一段著录项目的字数不受限制。

使用表格式条目时，其著录项目应与段落符号式条目相同，排列顺序亦可参照段落符号式条目进行。

采用"段落符号式"卡片著录，卡片的规格为 5cm×7.5cm，著录时，卡片四周均应留出 1cm 空隙。如果卡片正面未著录完，可在背面继续著录，并在正面右下角采用"（接背面）"的方式加以注明。

第二节　档案利用

由于高校档案工作是一项基础性的管理工作，同时又是一项服务性工作，因而很难产生明显直接的经济效益，所以在学校的工作大舞台上，它是一项默默无闻、专为他人"铺路"、当配角的工作。高校档案利用工作是指高校档案工作者以档案信息为服务前提，以档案利用者为服务对象，以满足高校教学、科研、政党管理及社会各方面的需求为目的，通过多种途径、形式、渠道和方法传递档案信息，实现档案信息价值的过程。它是评价高校档案工作成功与否的关键。提供利用工作是档案室（馆）以馆藏档案资源为基础，根据单位和社会的需求，通过一定的渠道和方法，向用户提供具有各种形式和内容的档案信息的活动。提供利用工作是发挥档案作用的主要环节，是档案工作服务性的集中体现。

一、档案利用工作的要求

档案利用工作又称档案提供利用工作，是指档案部门以馆（室）藏档案资源为依据，通过一定的方式方法，直接提供档案信息，为社会各项事业服务的一项工作。

档案人员应树立良好的服务观念，分析预测不同的利用者不同时期的利用需求，掌握利用工作规律、熟悉馆（室）藏内容，并为利用者提供必要的设备和条件。

二、档案提供利用的主要方法

档案提供利用的基本形式有阅览、复制和摘录三种。

（一）阅览服务

档案阅览服务，是指档案馆（室）设立专门的阅览场所，为利用者提供档案服务的一种基本方式。阅览室的设置应该以宽敞、明亮、舒适、安静、安全为基本要求。一般应配有必要的利用设施和相应的参考工具。阅览室还必须制定阅览制度来作为利用者共同遵守的行为规范。

（二）档案外借

档案外借服务，是指档案馆（室）按照一定制度和手续，暂时将档案借出馆（室）外使用的一种服务方式。这是一种需要严格控制的档案借阅形式。

对外借的档案必须制定与执行严格的规章制度。首先，要履行一定的审批手续，进行必要的登记签字；其次，要控制借阅的期限和数量，严格执行催还和续借制度，避免因外借时间过长致使档案损毁；最后，对归还的档案应完善归还注销、清点检查制度，确保外借档案安全、完整的收回。

（三）制发复制本

制发档案复制本，是指档案馆（室）根据档案用户的合理需要，以档案原件为依据，通过复制、摘录等手段向档案用户提供档案复制品的一种服务方式。所谓副本，是指能反映档案原件的所有组成部分；而摘录，是指只选取原件的某一部分内容。复制方法主要有：复印、手抄、打字、印刷以及摄影等。

在制发档案复制品时，对复制珍贵及易损档案应进行严格控制，复制应履行一定的审批手续，对制发范围和审批权限等应做出明确规定。为确保档案复制本的真实性，应在档案文件空白处或背面注明档案保管单位名称、档案原件编号，必要时，还要加盖公章以示负责。

（四）档案证明

档案证明是指档案馆（室）根据机关、团体、企事业单位或个人的申请，为证实某一事实在馆（室）藏档案内有无记载以及如何记载而出具的书面证明材料。

制发档案证明是一项政治性、政策性很强的工作，要求较高。首先，档案部门要认真的审查利用者的申请书或介绍信，明确利用目的、用途以及所要证明的内容范围。其次，出具档案证明必须坚持实事求是的原则，应根据可靠的档案原件或副本、抄本进行准确、明了的编写，经认真校对并确认无误后，加盖公章方能生效。在档案证明上还应注明有关材料的出处及编写方法。最后，制发档案证明的编写方法要以引述和节录档案原文为主。档案馆（室）不同于国家公安机关，它所制发的档案证明仅仅是向有关利用者证明某种在馆（室）藏中有无记载及其记载情况事实，必须保证表述准确、真实、客观，不能妄加总结和评价，或擅自对档案原文进行解释。

（五）咨询服务

档案咨询是档案馆（室）人员解答利用者提出的问题，指导利用者查阅档案信息的一项服务工作。咨询内容有事实性和知识性，咨询方式有电话、来人、来函等。咨询服务一般分为接受咨询、咨询分析、查找档案、答复咨询、建立咨询档案等步骤。

（六）档案展览

档案展览，是档案馆（室）为配合各项工作的开展，按照一定的主题，系统形象地展示与介绍馆（室）藏有关档案的内容、成分的一种提供利用方式。

在展出时，必须注意档案保护和保密工作。为了保护原件，展品一般用复制品。展出机密的档案，需经领导批准来规定参观者的范围。

三、档案利用的程序

（一）开放档案利用

根据国家档案局关于《各级国家档案馆开放档案办法》的规定，各级国家档案馆对开放档案的利用程序做出了具体规定。

1.我国公民和组织利用开放档案的程序

中华人民共和国公民持有身份证、工作证或介绍信，可直接到档案馆利用。

2.港、澳、台同胞和华侨利用国内已开放档案的程序

港、澳、台同胞和华侨利用国内已开放档案，如查取本人及其亲属历史证明，可持本人回乡证或身份证等有效证件，直接到有关档案馆利用；利用其他开放档案，须经大陆邀请单位、合作单位或接待单位的介绍，提前30天向国家档

案局或有关档案馆提出申请，说明自己的身份和利用档案的目的与范围以及其他有关情况，并经该档案的档案馆同意，就可以利用已开放的档案。

3. 外国组织和个人利用我国已开放档案的程序

外国组织和个人利用已开放档案，须按照《档案法》及其《实施办法》以及国家档案局颁布的《外国组织和个人利用我国档案试行办法》的规定进行办理。凡已经得到我国有关主管部门的介绍和保存该档案的档案馆同意的，可以直接到各级国家档案馆阅览、复制、摘录或以函、电等方式利用已开放的档案。这里的有关主管部门一般指的是我国负责外事工作的部门、外国组织或个人来华的接待单位的主管部门。

具体程序是：外国组织或个人根据与我国各级政府及其工作部门签订的有关文化交流协定，利用我国各级国家档案馆的档案，可以通过签订协定的我国有关部门介绍，提前 30 天向有关档案馆提出申请。以其他途径利用中央级和省级国家档案馆的档案，可提前 30 天向国家档案局或有关省档案行政管理部门提出申请。申请利用者须说明自己的身份和利用目的与范围及其他相关情况。在利用过程中，须遵守档案馆的有关规定。

利用者到各级国家档案馆利用开放的档案，须服从档案馆的安排，遵守各项有关的规定，对违反者，档案馆可视情况给予警告或进行其他处置。利用中如损坏档案，档案馆可根据档案价值责令利用者进行赔偿，或给予其他处理。

（二）未开放档案利用

对于保存在各级国家档案馆的未到法定开放期限或者按规定需要延期开放的档案，利用者如果需要利用，根据《档案法》及其《实施办法》规定，应当符合以下条件：

1. 利用主体必须是我国的国家机关、团体、企事业单位和其他组织以及公民个人。

2. 利用者是为经济建设、国防建设、教学科研和其他各项工作的需要。

3. 须经保存该档案的档案馆同意，必要时还须由该档案馆报经上级档案行政管理部门审批同意。

4. 遵守国家制定的有关利用未开放档案的规定。

5.《上海市国家综合档案馆档案利用和公布办法》规定，公民和组织利用档案馆未开放的档案，应当凭公民本人所在街道（乡、镇）以上组织或本组织的介绍信，到国家综合档案馆办理申请手续。公民利用记载本人有关知识青年上山下乡、支援内地建设、婚姻登记、计划生育（独生子女）、学历、学籍、职称、获奖荣誉、离退休的证明到未开放档案，可以凭本人身份证到档案馆办理申请手续。

（三）已向档案馆移交、捐赠、寄存档案的利用

《档案法》规定：向档案馆移交、捐赠、寄存档案的单位和个人，对其档案享有优先利用权，并可以对档案中不宜向社会开放的部分提出限制利用的规定，档案馆应当维护他们的合法权益。

根据上述规定，向档案馆移交、捐赠、寄存档案的单位和个人，在档案利用方面享有下列权利：

1.不论其档案的所有权归属如何，均有优先利用移交、捐赠、寄存档案的权利。

2.可以对移交、捐赠、寄存档案中不宜向社会开放的部分提出限制利用规定。

3.档案馆对寄存的档案，不得任意进行提供利用，如需提供利用，必须征得寄存者同意。

（四）其他组织、单位档案的利用

机关、团体、企事业单位和其他组织的档案机构保存的档案，按照法定移交期限向有关国家档案馆移交。这些档案在移交进馆前，主要供本单位工作需要查考利用。本单位外的其他利用者如果需要利用，须征得档案保存单位的同意。

四、网络提供利用

网络提供利用是档案室（馆）通过互联网或局域网提供档案原件和档案检索信息、举办档案展览、进行咨询等在线开展档案信息服务的方式。与传统档案提供利用方式相比，利用网络开展利用工作可以摆脱场地、时间、人员等因素的制约，集多种信息服务形式为一体进行全天候服务，有利于档案部门和人员充分发挥主体作用，主动的和创造性的开展提供利用工作。开展网络档案提供利用工作的主要步骤如下所述。

（一）选择形式、题目与制订计划

开展网络提供利用是一项时间较长的建设任务，应该根据本单位的需要事先规划好提供利用的形式，由简单到复杂逐步实施。例如，开始可以将档案目录和少量原件上传；进一步可以开展档案展览、网上咨询工作；条件允许的情况下，还可以建立 BBS 论坛、进行问卷调查，与各相关部门、人员、用户建立联系，"在线"了解需求、讨论问题等。在选题上也应该贴近本单位的利用和文化建设的需要，既要有反映单位历史发展和成果的题目，也应该有反映单位突出人物、特色产品、典型事件等方面的题目；在解决查找需求的同时，还要有宣传、教育的意义。根据上述考虑，应该制订一个工作计划，规定分别实施的时间、具体内容和所需的条件等，以便逐一落实。

（二）数字化准备与信息鉴定

在开展网络服务之前，需要将上网信息进行数据化处理，包括通过计算机、扫描仪等设备把纸质档案、传统照片等转化为数字化信息；对视听型录音录像档案按照格式要求处理等。上网的信息应以档案为主，根据需要也可以采用报刊、图书等其他信息资料。同时，对可以上网和因政治、经济、技术、人事等原因不能上网的信息进行鉴定，保证上网信息符合国家的法律，并有利于维护单位和个人的合法权益。

（三）网站设计与数据维护

网站设计主要指版式的规划和设计，在这个过程中需要设计不同的栏目，按照不同的题材、类型或形式多途径的提供档案信息。网站设计一般请专业人员承担，这时档案人员需要与设计人员不断进行沟通，使网站的功能、版式、布局、图案、色彩等符合专业要求，达到形式与内容的和谐统一。当网站运行以后，档案人员需要定期检查其运行情况，了解用户的反映，根据需要补充和更新数据。

五、档案提供利用方式多样化与档案利用率

利用与提供利用是互为前提、互为基础的。利用者有客观的利用需求才会产生提供利用的行为，在多样化的提供利用方式保证下，利用才能得以实现。档案利用率反映档案利用的情况，所以必然会受到各种提供利用方式的制约。但是，利用与提供利用又是有区别的，并不是所有的提供利用方式都能产生相

应的实际利用行为都能反映到档案利用率的变化之中。因此，多样化的档案提供利用方式对档案利用率的影响可以分为显性、半显性、隐性三个层次。

一是档案提供利用方式对档案利用率的显性作用。档案提供利用方式对档案利用率的显性作用是直接改变利用率的高低。从传统档案利用率的公式来看，直接作用于利用率大小的因素是被提供利用档案的数量，而且这些档案是指档案原件，并非编写材料。因此，通过前文对档案提供利用方式的分析，我们不难看出提供一次文献服务方式是利用率变化的情况表，两者之间存在正比例关系。反之，档案利用率提供的方法之一是提供一次文献服务方式的广泛开展，以刺激档案原件利用数量的增加。实际上，被动提供服务方式与提供馆内服务方式中也包括提供一次文献服务方式。因此，档案部门应以一次文献服务、被动服务、馆内服务为重心，协调控制其他多种提供利用方式，才能确保档案利用的数量与质量。

二是提供利用方式对档案利用率的半显性作用。所谓半显性作用，即能够得到部分反映的影响。档案提供利用方式对档案利用率的半显性作用表现在这些方式中且只能通过其他方式间接作用于利用率，改变其大小。例如提供二次文献服务方式中的提供档案文件目录、提供非文献服务方式中的代理咨询服务。这些提供利用方式的变动将通过其他方式的传递，反映到部分利用率中。提供档案文件目录方式的增长将会导致提供一次文献方式的增加，从而促使利用率上升。由档案人员提供的咨询服务，虽然不是由利用者直接利用档案，但也会涉及对档案的利用，因此也会影响利用率。所以，档案利用率的提供也离不开检索工具的完善以及其他服务方式的补充。

三是档案提供利用方式对档案利用率的隐性作用。隐性作用即深藏不露、未能明显表现出来的作用。档案提供利用方式对档案利用率的隐性作用又可分为绝对隐性作用与相对隐性作用两种。绝对隐性作用是指档案提供利用方式对档案利用起着潜移默化的影响，目前尚未激发出真正利用档案的行为。如档案宣传工作的开展只是为了增强社会档案意识，激发潜在的、未来的档案利用，但不一定改变现有利用。具有这种作用的提供利用方式变化自然不能反映到档案利用率中，从严格意义上来说也不能作为利用率公式的考虑因素。

相对隐性作用是指档案提供利用方式的变化确实引起了档案利用的变化，只是相对现有利用率公式而言具有隐性作用。它们因为在利用率公式中得不到反映而隐藏了作用，如果对利用率公式进行调整，这种相对隐性作用将转变为显性作用。具体来说，提供三次文献服务方式、提供档案编研材料都具有这种作用。由于三次文献、编纂产品等档案加工成果在很大程度上替代了档案原件的参考作用，因此不会导致原件利用率上升，但是它们都是档案利用中不可缺少的一部分，理应在利用率中得到反映。

第三节 档案开放与公布

一、档案开放

档案开放，是指各级国家档案馆按规定将达到一定期限、无须控制使用的档案向社会公开，允许档案利用者在履行相应手续后即可利用。

（一）档案开放的期限

档案开放的期限，是指由《档案法》规定的档案从形成到开放的时间。《档案法》规定国家档案馆保存的档案，一般应当自形成之日起满 30 年就可以向社会开放。《档案法实施办法》对各类档案的开放作了更为具体的规定。

1. 中华人民共和国成立以前的档案开放的起始时间

中华人民共和国成立以前的档案具体是指清代和清代以前的、民国时期的档案和新中国成立以前的革命历史档案。这些档案自其形成之日至今均已超过 30 年，符合法定的开放期限，可以向社会开放。

2. 中华人民共和国成立以来形成的档案开放的起始时间

中华人民共和国成立以来的档案，是指 1949 年 10 月 1 日新中国成立以来的各级国家机关、组织、团体及个人从事政治、军事、经济、科学、技术、文化、宗教等活动形成的，对国家和社会有保存价值的档案。这些档案中，除了涉及国防、外交、公安、国家安全等国家重大利益及公民隐私等到期不宜开放的以外，都应当自形成之日起满 30 年分期、分批的向社会开放。

3. 经济、科学、技术、文化类等档案开放的起始时间

经济、科学、技术、文化等方面的档案与社会主义各项建设事业紧密相关，并且这类档案的利用率较高，如果满 30 年再开放，很可能使其中的许多档案失去应有的价值，所以，这类档案进档案馆后可以随时开放。

（二）档案开放的限制

档案开放是指将原来处于封闭状态的档案依法向社会公开，供社会各方面利用，将过去控制在一定范围内使用的档案转变为供社会利用的档案。但开放档案并不等于毫无条件和无限制的公开档案，对档案馆馆藏中虽已满30年，但仍不宜向社会开放的档案，就要延期开放或控制使用，这既是维护国家、社会和公民利益的需要，也是当前世界上许多国家开放档案的规定。

二、档案公布

（一）档案公布的概念

档案的公布是指属于国家所有的档案，由国家授权的档案馆或有关机关依法以各种形式将可以向社会开放利用的档案的全部或部分原文，或档案记载的特定内容，首次向社会公开发布的行为。

（二）档案公布的形式

档案公布的形式，从内容上可以分为公布档案的全部原文、部分原文和档案记载的特定内容三种。

档案公布的形式从手段上来看，主要有以下七种形式：

1.通过报纸、刊物、图书、声像、电子等出版物的发表。

2.通过电台、电视台播放。

3.通过公众计算机信息网络传播。

4.在公开场合宣读、播放。

5.出版发行档案史料、资料的全文或者摘录汇编。

6.公开出售、散发或者张贴档案复制件。

7.展览、公开陈列档案或者其复制件。

凡是经国家授权的档案馆或有关单位依照上述七种形式公布档案的行为是合法行为；而无权公布档案的单位和个人，未经授权或批准，以其中任何一种形式公布档案，均构成违法行为。

（三）档案公布的权限

档案法律法规对档案公布的权限作了明确的规定，所有权不同，其公布权限也不同。

1.保存在档案馆的，属于国家所有的档案，由各档案馆公布，必要时由档案馆事先征得档案形成单位的同意，或者征得档案形成单位的上级主管单位同意后才能公布档案。

2.保存在各单位档案机构的档案，如果是已到了开放期限但尚未向有关档案馆移交的，由该单位公布，必要时，由本单位报请上级主管单位同意。

3.属于集体所有、个人所有以及其它不属于国家所有的档案，由档案的所有者公布，但在公布时必须遵守《中华人民共和国保守国家秘密法》（以下简称《保密法》）等有关法律法规，不得损害国家、社会、集体和公民个人的利益。

利用者需要公布档案的，必须向有关档案馆提出申请，档案馆应当自受理申请之日起30个工作日内，就是否准予公布档案给予答复。必要时，档案馆和利用者可以签订利用、公布的协议，明确双方的权利和义务。

第六章　特殊载体档案管理

随着科技的发展，以声、光、磁为介质的声像档案的产生越来越普遍，数量也越来越多。我们要开发利用这些生动、形象的特殊载体档案信息资源，以此为高校发展提供更加全面的服务。特殊载体的档案是指单位在工作中形成的照片、录音、录像、影片、电子档案等，它们与纸质档案相辅相成、共同记载了一个单位工作活动的面貌，具有独特的价值。由于它们的制成材料、记录方式和形成规律与纸质档案有很大差别，因此在管理上也有其特殊的要求与方法。

第一节　照片档案管理实务

照片是运用摄影技术记录人们的工作活动情况时的图片，目前分为传统照片和数码照片。传统照片是将被拍摄物体成像于感光材料上获得的图像；数码照片则是运用计算机与数码影像技术拍摄物体获得的图像，属于电子文件。在体裁上，照片档案分为新闻照片档案、单位活动现场照片档案、自然现象照片档案、艺术照片档案等。

照片档案是通过静态的形象的记录活动现场的情况，保留了真切的历史画面，具有能够直观、鲜明、生动的再现历史场景的特点，在帮助人们掌握事实真相、了解历史面貌、提供法律证据等方面具有独特的作用。因此，照片档案是单位和个人记录历史活动情况的一种重要方式，在形式和内容上也成为纸质档案的一种重要的补充。

一、照片档案的构成

传统的照片档案主要由底片、照片、文字说明所构成。

（一）底片

底片是照片档案最原始的材料和最重要的部分，分为原始底片和翻版底片。原始底片是照片在形成过程中最初产生的底片，为防止磨损一般不外借。翻版底片是原始底片的复制品，又称复制底片，作用是为了保护原版底片，用于外借或补充原始底片的缺损。

（二）照片

照片是通过底片洗印而成的图片，它直接再现被拍摄物体的形状，是人们利用照片档案的主体。

（三）文字说明

文字说明是对照片的事由、时间、地点、人物、背景、摄影者等情况的简短介绍性文字，对于档案管理人员和利用者解读照片档案的内容具有重要的作用。因此，照片档案必须编写文字说明，两者相辅相成，是不可分割的整体。作为档案保存的数码照片，在结构上除了原始的图像及其源数据外，也需要编写说明词，标明照片所反映的事由、时间、地点、人物、背景、摄影者等情况供相关人员查找。

二、照片档案的管理

（一）照片档案的搜集

照片档案的搜集工作应按照国家颁布的《照片档案管理规范》和有关规定，通过实行的档案接收制度和征集办法，将单位在工作中形成的和分散在个人手中的具有保存价值的照片档案集中到单位档案室和各级各类档案馆中。

1. 建立照片文件归档制度

为了保证照片档案的完整和安全，应建立照片文件的归档制度，对归档范围、时间和质量要求做出专门的规定，并认真贯彻执行。

2. 明确照片档案的归档范围

照片档案的归档范围应以反映本单位工作活动，具有查找利用价值为原则，具体归档范围应是：

（1）记录本单位主要职能活动和重要工作成果的照片。

（2）领导人和著名人物参加与本单位、本地区有关的重大公务活动的照片。

（3）本单位组织或参加的重要外事活动的照片。

（4）记录本单位、本地区的重大事件、重大事故、重大自然灾害及其他异常情况和现象的照片。

（5）记录本地区地理面貌、城乡建设、重点工程、名胜古迹、自然风光以及民间风俗和著名人物的照片。

（6）其他具有保存价值的照片。

如果是传统照片，要求底片、照片和说明文字一同归档；如果是数码照片，则要求原始图像、源数据和说明文字一同归档。

3.档案室（馆）对照片档案的接收

档案室（馆）应按照《机关档案工作条例》和《档案馆工作通则》的规定接收照片档案。在接收照片档案时，要进行验收制度，注意检查照片的质量，尤其是对底片应仔细检查，发现问题及时修补或进行补救。同时，为了更好的反映本地区和本单位的历史面貌，对于个人收藏或书刊、画报中的具有历史价值的有关照片，可以组织人员进行翻拍或补拍，以弥补照片档案的不足。

（二）照片档案的整理

按照《照片档案管理规范》的要求，照片档案的底片应单独整理和存放，照片和说明文字应一同整理和存放。

1.照片档案的分类

（1）底片的分类。底片的分类方法有三种：第一，按规格、尺寸分类；第二，按年度或历史时期分类；第三，按内容分类，如会议、活动、项目、产品、事件等。对于底片数量较少的单位，也可以不分类，按收到底片的先后顺序进行流水编号。

（2）照片的分类。照片一般是以全年为单位，按年度内容/专题进行分类；有时也可以与相关的文书档案的分类方法一致。如果单位的照片档案数量较多，还可以从摄影的目的、记载的内容和表现形式等出发将照片分为记录性照片和艺术性照片。

数码照片的分类方法与传统照片的分类方法基本相同，按照一年度内容/专题/事件分类，建立文件夹。例如：××建筑咨询公司归档的2006年的数码照片，按照活动专题建立了"业务研讨会""业务考察""客户访问""业务指导"等文件夹；当"业务研讨会"中包含若干个会议时，可以按照会议的时间顺序再建立下一个层次的文件夹。

2. 文字说明的编写

照片档案的文字说明是反映照片内容和相关情况、帮助人们利用照片的重要信息的作用，通常应包括事由、时间、地点、人物、背景和摄影者六个要素。单张照片的文字说明置于照片的下方或左右两侧。大幅照片的文字说明可另纸书写，与照片一同保存。

成套的数码照片应该编写总说明词，简要介绍活动的情况。其所包括的每张照片下则需按照六个要素写明具体情境。

3. 照片档案的立卷

照片档案的案卷一般按照内容进行立卷。照片档案数量较少的单位，一年之内的照片也可以组合成一卷。卷内照片档案一般按照重要程度或时间顺序排列。成套的照片档案应排列在一起。

照片档案的编号方法是：案卷按顺序编制流水号码；卷内顺序编制页号；每套照片编一个总号；一套中各张案卷分别编号；每张照片档案的底片、照片、说明词应同编一号。

4. 照片档案的编目

应按照《照片档案管理规范》的要求，填写照片档案案卷的卷内目录、卷内备考表和案卷目录。

对底片进行分类、编号后，要对其进行登记。一张底片或一组底片为一个保管单位，编一个底片号。底片号按收到或发出的顺序编号。底片目录登记簿包括的项目有：分类号、底片号、照片号、简要内容、拍摄者、拍摄时间、拍摄地点、底片数量、技术状况、底片来源、收到或发出的日期、备考等。

其中底片号为最重要的一个项目，它编写在乳剂面的右上角。由于底片保存在纸袋中，因此，要在纸袋外面同时写明底片号。

（三）照片档案的鉴定

对于形成时间较为久远的照片档案，为了准确判定其内容、背景、人物、事件以及可靠性等，我们需要对其进行考证鉴别工作。考证鉴别的主要途径和方法有：通过文字档案和史料考证鉴别，通过调查走访考证鉴别、实地考察鉴别以及照片之间进行比较鉴别等。

照片档案价值的鉴定，应遵循档案价值鉴定的原则和要求，参照照片形成的年代、内容、技术质量等因素来判定。

照片档案的保管期限一般分为永久或长期保存比较合适。如果某些照片的内容与本单位、本地区的工作没有直接的关系，只是用于学习、宣传、交流情况，则作为资料保存。

（四）照片档案的保护

照片档案中的底片和照片应分别存放进行保管；底片单独存放入底片夹，照片与文字说明一起存放。保存底片适宜的温湿度为：温度13℃—15℃，相对湿度35%—45%；保存照片适宜的温湿度为：温度14℃—24℃，相对湿度40%—60%。同时要注意防火、防尘、防污染、防霉变。

为了保证照片档案的完整与安全，照片档案数量较多且有条件的单位，应按照《照片档案管理规范》建造专门的库房保管照片档案。照片档案数量较少或不具备条件的单位也应购置专门的工具保存照片档案，并采取一定的库房温湿度控制、防尘、防污染等措施，为照片档案的安全保管创造适宜的条件。

三、照片档案的提供利用

照片档案提供利用的方式包括借阅、复制、展览与宣传、咨询、编辑画册等。其中照片档案的展览和编辑画册的方法及程序如下所述。

（一）展览

照片档案展览是指根据工作的需要，按照一定的主题，将照片档案进行系统编排、陈列，供利用者参观的一种提供利用的方式。举办照片档案的展览能够充分发挥照片形象生动、场景真实的特点，起到良好的宣传教育作用。

对于照片档案，可以根据本单位的条件，与其他档案一起设立长期的展览，陈列本单位保存的珍贵照片；也可以结合本单位和本地区的现实活动，如重要纪念日、庆祝日、重要会议等，举办照片档案的展览。

举办照片档案展览的程序主要有选题，选材，进行展示设计，对选用的照片进行放大、缩小、裁剪、标记、装饰等加工工作，编写前言、说明、结束语、展品布置等。

（二）编辑照片档案画册

照片档案画册是按照一定的专题，将有关的珍贵照片集中，并经系统编辑所组成的文献形式，如《北京旧城》画册等。照片档案画册既是一种宣传教育的方式，又是文化传播和交流的一种载体。

编辑照片档案画册的基本步骤如下：

1. 选题。照片档案画册的选题要适合馆藏和现实工作活动的需要，具有长远的利用价值。

2. 编制编辑方案。编辑方案的内容包括：照片档案画册的主题内容、编辑目的和要求、选材范围、人员分工、时间安排、工作步骤、质量保证措施等。编辑方案要充分征求上级意见，并经有关领导的审核批准。

3. 选材。照片档案画册的选材要围绕主题，对所选照片的价值要进行正确的判定，保证选用照片的真实、典型。

4. 加工和编排。加工是围绕题目并根据画册的要求，对所选用的照片进行校对、编写文字说明和对标点进行修订等。

编排是指根据画册的编辑体和设计要求，对照片逐件排列，固定照片在画册中的位置。

5. 审校。为了保证画册内容的准确无误，应严格做好照片档案画册的审校工作。审校一般分为初审、复审和终审三步进行。经审校合格后照片档案画册即可出版。

第二节　录音、录像档案管理实务

录音、录像档案目前有两种形式：一种是采用录音机和录像机在磁带上记录单位或个人现场工作活动情况所形成的档案。它在形成以后，需要利用音像视听设备才能收听和观看；另一种是采用数码录音、摄像技术来拍摄单位或个人工作活动情况，成像于磁盘上的数字化信息。它属于电子档案，需借助于计算机设备才能收听和阅览。录音、录像档案分为纪实性和制作性两种类型。纪实性录音、录像档案指在本单位工作活动过程中录制的材料。制作性录音、录像档案指经过策划、录制、编辑而有目的的制作作品。

录音、录像档案的特点是可以再现当事人讲话、现场的各种声音，以及动态的历史活动场景，具有很强的现场感，生动、直观，因此，它是人们了解真实的历史面貌、证明历史事实的可靠依据。

一、录音、录像档案的搜集

对于纪实性录音、录像档案，我们应按照归档范围的要求，将反映本单位工作活动、具有查阅利用价值的材料随时接收归档，由档案室统一进行保管。因此，我们要向有关人员说明录音、录像档案搜集工作的要求和目的，使其在完成录制任务后，及时将有关的音像资料移交至档案室进行审查、鉴定和归档。

对于制作性录音、录像档案，有关的广播电台、电视台，以及记者、编辑等采编人员，应将采访录制、编辑加工的各种音像资料进行登记，填写送审表，并送交有关领导审定。送审表的项目包括节目来源、内容、录音或录像地点、原录日期、复制日期、录音或录像效果、机速、播放时间等。只有经过审批后的材料才能归档，与音像材料有关的文字材料应与其同时归档。

在接收录音、录像档案时，需要进行验收，其目的是检查音像材料的质量。验收的程序和内容是核对录音、录像登记表、检查登记簿的各项内容是否填写清楚完整，手续是否完备。随后，根据登记簿的内容听音或观看，核对录音、录像档案内容的技术状况。因此，单位的档案部门应备有视听设备，以便对录音、录像档案进行技术性能的检查。

二、录音、录像档案的分类与编目

录音、录像档案可以按照内容和时间进行分类。在分类时，应该将机密录音、录像档案与非机密的材料区别开来，将原版、复制版等不同版种的材料区分开来。

录音、录像档案应装入特制的封套中，并在封套外面粘贴上标签。标签上应注明题目（内容）、讲话人、录制日期、盘（卷）数、编号、磁带长度、播放时间等项目。文字材料一同装入封套内，统一编号。

对经验收并需入库的录音、录像档案，应按收到的先后顺序进行登记。登记的主要项目有：编号、收到日期、录制日期、内容、责任者、录制单位、录制地点、技术状况、播放时间、数量、备注等。

三、录音、录像档案的保护

（一）专用的库房或装具

录音、录像档案的载体材料是磁性介质，其对磁场的干扰比较敏感，如果较近距离内有磁场，会导致磁记录信号的丢失，使录音、录像档案遭到破坏。因此，大量产生和保存录音、录像档案的单位，应该修建专用的防磁档案库房，以彻底隔绝外界磁场对录音、录像档案的干扰。而一般的单位档案室或保存录音、录像档案数量不多的档案馆则应购置专用防磁装具，以存放录音、录像档案。不具备上述条件的单位，亦应避免在录音、录像档案保管场所同时放置电动机、电视机、变压器等设备，避免将录音、录像档案存放在这类电器附近。

（二）库房温湿度控制

录音、录像档案适宜的库房温度是 15℃—25℃，相对湿度应保持在 45%—60% 之间。库房温度过高易使磁性介质变脆；湿度过大，则易导致磁性装置受潮变形。因此，录音、录像档案库房应备有温湿度测量仪器和调节设备，以便随时记录、监测和调整库房的温湿度，保证录音、录像档案的安全。

（三）存放方式正确

录音、录像档案应避免平放保存，其正确存放方式为竖放，这样可使其受力均匀，避免磁带变形。

（四）定期重绕与复制

长期保存的录音、录像档案，应每隔 6 个月或在雨季、高温季节对磁带进行重绕，以释放磁带内的压力，并进行定期检查。重绕磁带应注意采用正常转速，卷绕的松紧度要适当，边端要平整，不能出现褶皱、弯曲，防止带体损坏。

为了使录音、录像档案信息进行长久保存，还应该根据磁带的保存情况，每隔 5—10 年时间进行信息转录的工作。

第三节　实物档案和内部资料管理实务

一、实物档案的管理

实物档案是指单位在工作活动中形成的，有凭证和查阅价值的印章、证章、锦旗、奖状、奖杯、匾额等物品，它们是一个单位发展历史的重要见证，因此，各单位应该把实物档案纳入归档范围，档案室每年要按时接收这类档案，并进行科学的管理。

由于实物档案的种类很多、载体形态各异、保管方式和要求也不尽相同，因此，一般是对其进行分类搜集、登记和保管。

（一）证书类档案的管理方法

证书类档案包括证书、奖状、奖杯、奖牌、奖章、锦旗等，主要反映单位工作、生产、科研或产品研发等获奖的情况。有时上述物品各自独立的反映一个事件，有时证书会与奖杯或奖章为同一事件的证物。

1.编号和登记方法

证书档案在归档移交前，需要由移交部门进行整理、分类和编制说明材料。证书类档案的编号宜采取年度—组号—分号的编号方法，即先分年度，再把属于同一事件的证书、奖杯、奖章或奖牌作为一组，给定一个组号，组号下面再编分号的编号形式。

证书类档案登记要按照"年度—事件—品种"的顺序进行。

证书类档案的说明材料应该与实物一起移交，其内容包括：奖项名称、奖项级别、颁奖单位、颁奖时间、归档部门、载体类型。

2.保管方法

绝大多数的证书、锦旗（折叠）、奖章和奖牌等可以采用A4纸大小的档案袋进行包装保存，一件或一套装入一个档案袋中，作为一个保管单位。在档案袋封面上需要标明：档号、奖项题名、奖项级别、颁奖单位、颁奖时间、归档部门、载体类型，以及档案实体存放位置等。

奖杯和有些幅面大的锦旗，不能装入档案袋，有些奖杯和锦旗被长期陈列在单位的宣传橱窗和展室里，为了保持与证书之间的历史联系，需要对这些实物拍照，以照片的形式存档。拍摄的实物照片的编号应与实物的编号相一致，并应与配套的证书存放在一起。有条件的单位，可以对所有证书类档案进行拍照存档，形成一套完整的电子照片档案。

（二）印章类档案的管理方法

印章档案是一个法人单位行使职权的象征，不少单位由于名称、隶属关系的变化，印章相应的随着变更，于是积累下来一些过期、报废的印章。这些印章虽然不具现行效果，但却是客观证明单位历史存在的一种重要证据，应予以搜集保存。

1. 整理方法

对过期作废的印章应该进行鉴定。一般来说，独立法人单位的印章具有长远的保存价值，单位内部重要职能部门的印章也需要长期保存。由于目前绝大多数印章采用橡胶材料制作，经过较长的岁月后，会出现软化和字体模糊的现象。因此，经鉴定需要归档的印章，应留取印模并拍照，连同原件一起按照年度级别进行分类、编号。所谓级别是指是法人单位印章，还是内部机构印章。印章的编号宜使用胶带纸粘贴于印章柄的位置，印模和照片上标明相同编号。

2. 保管方法

一些档案部门的做法是：使用 5.5cm 厚的塑料档案盒作装具，盒内用纸板隔成"井"字格，将印章置于格内，周围可用纸团固定位置，在盒盖内侧粘贴印章摆放示意图注明印章名称、编号，以便于根据编号所对应的位置直接提取印章。印模和照片可以装入档案袋存放，封面需要标明印章的名称、编号、地址等信息。

（三）礼品类档案的管理方法

除了上述实物档案外，单位在社会活动中还会收到一些知名人士及外事单位赠送的具有纪念意义的字画等纪念品，以及在外事活动中外宾赠送的具有纪念意义的纪念品。单位的有关部门在接收礼品后，应编写文字说明，指出档案的来源、获得时间和缘由、件数，填写礼品类实物档案接收登记簿，一并移交档案室。

档案部门对接收的礼品类档案应逐件拍照，照片要编写说明词，标明原物品的编号后存档保存。礼品类档案一般按时间—类型进行分类整理、编号登记造册，按照其不同的类型实施管理。

以上各类实物档案应放置在专用柜中保存，注意防火、防盗、防潮。经鉴定无保存价值或已经丧失保存价值的实物档案应编制销毁清册，写明销毁原因，经本单位领导审批后，方可销毁。

二、内部资料的管理

内部资料通常指本单位在工作中编写或编辑的，反映主要职能活动的情况及统计材料，它们有的是公开出版物，有的是内部出版物。内部资料是单位工作中形成、创作的一种宝贵的精神产品或信息资源，也是档案的重要组成成分。那些能够反映本单位主要职能活动和历史状况的，具有保存价值的内部资料需要归档保存。

（一）内部资料的搜集

内部资料通常包括：大事记、组织沿革、工作年报、工作手册、政策法规汇编、分析与统计资料、产品图集和介绍等原稿以外的印刷文本。内部资料在单位内的形成渠道比较分散，由于不属于正式文件，管理难度也比较大。因此，需要由单位的办公室带头建立内部资料的管理制度，有效的搜集已经编印的内部资料。

按照归档制度，单位组织编写或编辑的出版物和内部资料的原稿应作为档案，按规定的程序归档；已经印制成公开或内部出版物的印刷品，则应按年度向档案部门或档案人员至少移交两本（套）作为资料保存。移交工作应于次年6月底前完成。

（二）内部资料的整理

内部资料的分类方法主要有两种：一种是按照年度—类型分，如政策法规汇编、工作年报、统计资料、产品图集等；另一种是按照年度—编写部门分，如办公室、技术部、人力资源部等。资料分类后应按照印制的先后顺序进行排列、编号、加盖单位印章和登记目录，然后入库上架。

（三）内部资料的利用

由于单位一些内部资料的内容涉及技术或经济秘密，因此，在利用上需设定利用权限，经单位领导批准后执行。同时，在档案室查阅内部资料均应进行登记，执行借阅与归还手续。借阅、复制内部资料者无权擅自公布资料的内容或数据，如果发生此类情况，公布者将承担所造成后果的全部责任。

第四节　电子档案管理实务

电子档案，是指通过计算机磁盘等设备进行存储，与纸质档案相对应，相互关联的通用电子图像文件的集合，通常以案卷为单位。在行政管理和商务活动中，由于信息处理技术的应用，出现了电子政务和电子商务等管理和经营方式，因此产生了大量的电子档案。加大对电子文件的形成、积累、鉴定、归档及电子档案保管的管理力度，统一协调，指定专门机构或人员负责，方能确保管理工作的连续性。同时，还要明确规定归档时间、归档范围、技术环境、相关软件、版本、数据类型、格式、被操作数据、检测数据等，以保证电子档案管理的科学性和档案质量的完整性。电子档案是具有保存价值并归档保存的电子文件。在计算机网络系统中，电子文件和电子档案是在同一个信息处理系统中进行管理的。

虚拟档案是用来区别于一些客观存在的实体档案，是将实体档案信息以字节、比特方式表示并使之在电脑网络上流动，只有引入正确的软件，硬件与足够的背景细节，这些字节与比特方可随机定位到用户所在的网络终端，以可被理解的文字、数字、图像、图表、符号等到显示用户所需求的实体档案的真实信息。

目前，电子文件所采用的介质主要有磁盘、磁带和光盘。电子档案归档主要用磁带和光盘。

一、电子档案的特点

在单位的计算机信息处理系统中，电子档案是作为管理或经营信息而被保存起来的。它的作用主要表现在两个方面：第一，对于管理或经营活动来说，它是重要的原始凭证，是单位工作目标实现情况的记录，是单位历史面貌的一个组成部分；第二，对于单位的信息系统来说，电子档案是这个系统信息资源的组成部分，它可以直接转化为数据库、资料库中的信息，它是各种信息补充、更新或再生产的重要来源，是系统正常运行的信息保障。主要包括：文本文件、命令文件、图像文件和数据文件。

电子档案是电子文件的转化物，具备电子文件的所有技术特性。因此，在管理上它与传统档案有很大差别。电子档案的特点有以下几个。

（一）保管位置较分散

传统档案实行实体集中统一管理形式，单位的档案集中于本单位档案室，国家档案集中于各级各类档案馆。而电子档案则不可能按照上述方式集中管理，它的一部分是通过档案部门掌握其逻辑地址而进行控制；有些部分则是通过下载将信息转移到保存介质上而集中于档案部门；还有一些电子档案是采用在线集中的方式，即将信息转移到档案部门指定的地址中进行管理。电子档案管理具有相对分散且形式多样的特点，加大了管理的复杂程度。

（二）保管技术程度高

电子档案的生命是由载体、信息和系统三个部分所构成的。这三个部分的存在和影响因素不一致，也不同步。它们之所以能够构成完整的电子文件或电子档案，是人们通过一定的技术手段将其联结在一起的。电子档案的载体——磁盘是化工制品，老化、污染、磁场等都会影响它的质量，从而破坏信息记录。电子档案信息易受错误操作、恶意更改或病毒的侵害；计算机软、硬件系统的升级换代会造成原有环境下生成的文件无法识读和利用。对上述三个方面的因素进行管理和控制的艰巨性远远超过了传统档案的管理方式，是信息化环境下原始记录保管的重大问题。

（三）信息再利用及时

电子档案信息在计算机网络系统中再循环的即时性强。传统档案信息在现行活动中的转化方式有两种：一种是在单位使用档案的过程中将有关信息提取出来，融入现行文件当中；另一种方式是档案部门编辑一些档案参考资料，提供给单位使用。前一种方式的信息使用过程具有一次性；后一种方式的信息虽专题性、系统性强，但转化过程慢，时效性较低。在计算机网络系统中，电子档案信息可以同时以不同的形态分流，即电子档案归档的同时，那些具有数据价值的信息被数据库采集，有资料价值的进入资料库，又成为新的电子文件的来源。

（四）可以在线利用

电子档案的利用可以采用非在线方式，但是更多情况下是采用在线方式。

电子档案在线利用的方式对于用户来说基本上摆脱了地域和时间的限制，调阅文件的主动性强、批量大和表现方式多样，使文件查找速度加快，可以实现信息或数据的共享，因此这种方式能够充分发挥信息系统的优越性。由于在线利用是一种信息管理者与用户非接触式的利用方式，所以，利用过程中的信息真实性证实方式、信息复制和公布的权限、信息拥有者及内容涉及者权益的保护等问题，都是在管理中需要加以解决的。

二、电子档案的归档

（一）归档范围

国家档案局发布的《电子公文归档管理暂行办法》规定：电子公文的归档范围参照国家有关纸质文件的归档范围进行归档并划定保管期限。电子公文的收发登记表、机读目录、相关软件、其他说明等应与相对应的电子公文一同进行归档保存。电子公文形成单位应指定有关部门或专人负责本单位的电子公文归档工作，将电子公文的搜集、整理、归档、保管、利用纳入机关文书处理程序和相关人员的岗位责任。机关档案部门应参与和指导电子公文的形成、办理、搜集和归档等各个工作环节。

（二）归档方式

1. 物理归档方式

物理归档包括介质归档和网络归档两种方式。介质归档是指文书部门将电子文件下载到存储介质上并移交给档案部门；网络归档是指将电子文件通过网络直接传送给档案部门进行存储。物理归档可以实现电子档案的集中管理。

2. 逻辑归档方式

逻辑归档是指文件形成部门将电子归档档案的逻辑地址通知档案部门，从而使档案部门实施在网络上控制与管理电子档案的归档方式。经逻辑归档后，一方面，电子档案的物理存在位置不会改变；另一方面，文件形成部门可以利用该文件，但是却不能对其进行修改或删除。

3. "双套制"归档

《电子公文归档管理暂行办法》规定，电子公文形成单位必须将具有永久和长期保存价值的电子公文制成纸质公文与原电子公文的存储载体一同归档，并使两者建立关联。这种做法就是我们所说的"双套制"归档。采取"双套制"归档主要是为了应对计算机或网络系统出现意外故障时，确保电子档案信息的完整性和真实性。

（三）归档时间

电子档案的归档时间分为实时归档和定期归档两种情况。实时归档是指电子文件形成后即时归档；定期归档是指按规定的归档周期归档。一般情况下，通过计算机网络归档的电子档案应采取实时归档，介质归档可以采取定期归档。

（四）归档要求

1. 齐全完整

电子档案归档的齐全完整指除了文件内容之外，还要接收生成电子文件的软、硬件环境信息，如电子档案的设备、支持软件、版本、说明资料。需要永久和长期保存的电子公文，还应在每一个存储载体中同时存有相应的符合规范要求的机读目录。

2. 真实有效

真实有效是指归档的电子档案应该是经签发生效的定稿，图形文件如果经过更改，则应将最新的版本连同更改记录一同归档。

3. 整理编目

在电子档案归档前，文件形成部门应对文件载体进行整理，并在其包装盒表面粘贴说明性标签，对文件的形式和内容进行著录、登记等。归档时，应将有关的目录和登记表同时移交给档案部门进行管理。

4. 安全可靠

重要部门或有条件的单位最好对电子档案实行双套异地保存，以便于在突发灾难性事故时，确保单位核心文件的完整与安全。

（五）归档手续

1. 进行技术鉴定

电子档案在归档时要进行技术鉴定，鉴定的内容包括档案的技术状况是否完好、支持软件、配套的纸质文件和登记表格是否完整等。《电子公文归档管理暂行办法》规定，电子公文形成单位应在电子公文归档时对相关项目进行检查，检查项目包括与纸质公文核对内容、签章、审核电子公文收发登记表、操作日志及相关的著录条目等，确认电子公文及相关的信息和软件无缺损且未被非正常改动的情况下，电子公文与相应的纸质公文内容及其表现形式一致，处理过程无区别。通过存储载体进行交接的归档电子公文，移交与接收部门均应对其载体和技术环境进行检验，确保载体清洁、无划痕、无病毒等。检验的结果应填写在《电子档案接收检验登记表》中。

2. 履行归档手续

采用介质归档方式的电子档案，在对归档文件检验合格、清点无误后，移交的双方应在《归档电子文件登记表》《归档电子文件移交检验表》和《电子档案接收检验登记表》上签字盖章。移交文件均以一式两份的形式，便于交接双方留存备查。

采用逻辑归档或网络归档方式的电子档案，首先由文件形成部门为文件赋予归档标识，然后提交给档案部门，档案部门再给已经归档的文件赋予档案管理标识。实行逻辑归档或网络归档时，计算机系统可自动生成《归档电子文件登记表》，打印输出后，移交双方签字盖章、留存备查。采用"双套制"归档的纸质文件履行与纸质公文相同的归档手续。

三、电子档案的管理

有效的电子档案管理是实现人类社会原始历史记录在信息时代得以真实、完整、可靠保管的有力保证，是档案学、信息科学以及管理学的交叉融合。计算机支持的协同工作、信息时代的档案领域、电子档案的形成机制、电子档案管理模式、电子档案管理规范、电子档案全文检索工具——EAD 以及数字档案馆系统工程等是在社会信息化的大背景下构建电子档案管理的理论体系，尤其是网络化、数字化环境下电子档案管理手段、管理模式的变革使得目前电子档案管理尚处于探索阶段，根据国内外的有关理论与实践，电子档案的管理主要涉及以下方面。

（一）电子档案的管理模式

1. 单位内部的文档一体化管理模式

单位内部的电子文档一体化管理主要是通过计算机管理软件来实现。这样的文件和档案管理软件通常是一个包括文件发文处理环节、收文处理环节、分类、鉴定、立卷、归档、接收、著录、标引、检索、调阅、登记、统计等全部文书处理与档案管理环节的系统。该系统在运行时，根据单位日常管理和经营活动中生成的数据、文件、表格、单据等均在计算机网络上进行传递、交换、处理和管理。同时，电子档案的目录、索引自动生成，并可以实现即时归档。各种信息的用户及管理者通过身份验证系统得到使用权限的确认后，才能进入系统进行操作。

2. 档案馆电子档案的管理模式

档案馆管理阶段的电子档案管理模式有两种：第一种是"集中保管的模式"，即立档单位将失去现行作用，并将具有长远保存价值的电子文件移交给档案馆集中进行保管；第二种是"分布保管的模式"，即电子文件始终由立档单位自己负责保存，档案馆对电子文件具有一定的控制权利，并对其管理进行指导。

3. 数字档案馆的管理模式

数字档案馆是利用计算机网络远程获取文件信息并进行管理的一种档案机构。它是运用网络技术在逻辑上组织存储于不同地址的电子档案信息，构成档案信息资源共享的环境，为用户提供便利的利用服务。数字档案馆的信息源是来自各个机构的电子档案。数字档案馆对电子档案实行的是虚拟的管理方式，即电子档案可以存储在立档单位的地址中，也可以存储在档案馆指定的地址中，档案馆对电子档案的管理和存取都在计算机网络上进行。

（二）电子档案的保管

电子档案的特性不同于纸质档案，决定其在保存与维护方面的复杂性。如何保存、维护电子档案，使之安全、可靠并永久处于可准确提供利用的状态，是档案工作者急需解决的问题。具体要求如下。

1. 要保证电子档案载体物理上的安全

一般情况下，电子档案是以脱机方式存储在磁、光介质上，所以，要建立一个适合于磁、光介质保存的环境，诸如温湿度的控制，存放载体的柜、架及库房应达到的有关标准的要求，载体应直立排放，并满足避光、防尘、防变形的要求，远离强磁场和有害气体等。

2. 要保证电子档案内容逻辑上的准确

电子档案的内容是以数码形式存储于各种载体上的，在以后的利用中，必须依赖于电子计算机软硬件平台将电子档案的内容还原成人们能够直接阅读的格式进行显示。这对于电子档案而言是一个较为复杂的过程。因为电子档案来自各个方面，往往是在不同的电子计算机系统上形成的，且在内容和格式编排上也不尽一致，这种在技术和形式上的差异，必然导致在以后还原时，所采用的技术与方法的不同。而电子档案在形成时所依赖的技术，往往是已经过时的技术，这是科技进步所带来的必然结果。因此，除对电子档案本身进行很好的保存外，还必须对其所依赖的技术及数据结构和相关定义参数等同时加以保存，或采用其他方法和技术来加以转换。

3. 要保证电子档案的原始性

对于一些较为特殊的电子档案，必须以原始形成的格式进行还原显示。可采用以下三种方法：一是保存电子档案相关的支持软件，即在保存电子档案的同时，将与电子档案相关的软件及整个应用系统一并保存，并与电子档案存储在一起，恢复时，使之按本来的面目进行显示；二是保存原始档案的电子图像；三是保存电子档案的打印输出件或制成缩微品，因为这是最为稳妥的永久保存方法。

4. 要保证电子档案的可理解性

对一份电子档案的内容来说，常常有不被人完全理解的情况。为了使人们能够完全理解一份电子档案，就需要保存与档案内容相关的信息。这些信息应包括：元数据，物理结构与逻辑结构的关系，相关的电子档案名称、存储位置及相互关系，与电子档案内容相关的背景信息等。

5. 要对电子档案载体进行有效的检测与维护

电子档案载体，特别是磁性载体，极易受到保存环境的影响。因此，对所保存的电子档案载体，必须进行定期检测和拷贝，以确保电子档案信息的可靠性。定期检测应每年一次，采用等距抽样或随机抽样的方式进行，样品数量以不少于10%为宜，以一个逻辑卷为单位。首先进行外观检查，确认载体表面是否有物理损坏或变形，外表涂层是否清洁及有无霉斑出现等。然后进行逻辑检测，采用专用或自行编制检测软件对载体上的信息进行读写校验。通过检测发现有出错的载体，须进行有效的修正或更新。应每四年拷贝一次，且原载体继续保留的时间不超于4年。对于电子档案的检测与维护，必须进行严格管理，因为任何一次错误操作，都可能使保存的电子档案遭到人为损害，甚至造成难以弥补的损失。所以必须建立相应的维护管理档案，对电子档案的检测、维护、拷贝等操作过程进行记录，避免发生人为的错误操作或不必要的重复劳动。

对电子档案的有效保存与维护，是一项极其重要而复杂的工作。因而，在对电子档案的保存与维护过程中，应充分考虑环境、设备、技术、人员及电子档案的特点等综合条件，来制定技术方案和工作模式，并采取有效措施，以确保电子档案的安全可靠，能够永久的处于可准确提供利用的状态，使其在社会生活中发挥更大的作用。

此外，与纸质档案相比较，电子档案信息的完整性和真实性面对着来自于载体自身和计算机网络环境中一些不安全因素的威胁，因此，应利用现有的电子信息安全防护的技术手段，如信息加密、电子签名、身份识别、防止计算机病毒、信息备份、信息迁移技术等，维护电子档案信息的安全。

（三）电子档案的提供利用方式

1. 文件下载的提供利用方式

文件下载的提供利用是指档案部门向用户提供电子档案软硬磁盘、光盘等版本的利用方式，一般包括以下方式。

（1）阅览室阅览。一般情况下，不便在计算机网络上阅览的以及具有机密性的电子档案，应在档案室（馆）的阅览室中提供利用。为此，档案室（馆）一方面应在阅览室中配备专用的计算机阅览设备；另一方面要建立相关的阅览制度，对用户阅览、拷贝、摘抄档案信息的手续、权限等做出明确的规定，保证电子档案信息的安全利用。

（2）出借。出借是指在单位内部，因工作需要将电子档案磁盘或光盘借给有关人员在工作岗位上利用的方式。电子档案的出借必须建立严格的审查与借阅制度，手续要严密。同时，对利用者所承担的不得摘抄、复制责任和保密责任应予以规定。

（3）复制。复制是指档案室（馆）依照有关的法律法规向用户提供复印文件和图纸以及拷贝的胶片、光盘等各种载体的电子档案复制件提供利用的方式。采用复制的方式提供电子档案，有利于充分发挥其作用、保护原件。

2. 档案在线提供利用方式

档案在线提供利用的方式是指通过计算机网络系统为用户提供档案信息。由于档案信息的特殊性，在线提供利用又分为办公自动化的单位内部网络提供利用和互联网向社会提供利用两种方式。

办公自动化的单位内部网络通常用于提供开放期限未满和暂时不宜公开的档案信息。因此，在提供利用中要对网上的信息进行选择，并对利用者的权限加以限定。

互联网用于开放档案的提供利用，其具体形式包括提供开放的档案目录、公布档案原件、举办网上档案展览、介绍档案馆馆藏等。利用互联网提供利用档案信息可以实行无偿服务，也可以实行有偿服务。

（四）电子档案的销毁

对保管期限已满失去保存价值的电子档案需要实施销毁。电子档案的销毁工作程序与纸质档案的销毁工作程序相同，档案室（馆）需要组成档案价值鉴定小组或鉴定委员会，组织对保管期满的电子档案进行价值复审，对确认已经丧失保存价值的档案编制销毁清册和编写销毁报告，报请有关领导或上级部门审批，然后方可对档案实施销毁。

电子档案的销毁方式分为软销毁和硬销毁。采用数据等软件方法（如覆盖、删除等）销毁电子档案的方法称为软销毁，适用于非密或密级不高的电子档案；采用理化方法（如粉碎、溶解等）直接销毁存贮介质及其承载信息的方法称为硬销毁，适用于销毁密级高的电子档案。无论采用哪种销毁方式，都需要执行双人监销、检查、签字确认的制度，以保证档案信息的安全。

具体程序为：

1.成立档案鉴定小组，负责对电子档案的鉴定领导和组织实施工作，任何组织和个人不得擅自对电子档案进行鉴定；

2.电子档案的鉴定根据《档案法》、档案行政管理部门有关规定及《本单位电子文件归档范围和保管期限表》逐卷或逐件进行；

3.鉴定方法是由鉴定人员对每卷（或每件）电子档案进行审阅，写出鉴定意见，然后送鉴定小组复审鉴定；

4.需销毁的电子档案，由档案室提出建议，编写销毁清册，由电子档案鉴定小组写出书面报告后，经领导批准并备案后方可执行；

5.监销人员在销毁电子档案前，需认真核对销毁清册的内容与需销毁的档案是否一致。具体销毁根据国家有关规定执行。销毁后，在销毁清册上签字，销毁清册由街道综合档案室归入全宗卷；

6.属于保密范围的归档电子文件，如存储在不可擦除载体上、应连同存储载体一起销毁，并在网络中彻底清除；不属于保密范围的归档电子文件可进行逻辑删除。

第七章 大数据时代档案管理的新要求与存在的问题

第一节 大数据时代的到来

一、大数据的前世今生

（一）渐行渐远的大数据

自古以来，人类一直苦于如何处理各种各样数量庞大且毫无规律的数据。人们为了解决这些大数据所带来的困扰可谓是想尽了办法。19世纪末，美国著名的统计学家赫尔曼·霍尔瑞斯在处理1890年美国人口普查数据的过程中发明了能够识别芯片的电动机器。这台机器的发明使原本需要8年才能够完成的工作在1年内就完成了。可以说，这一事件标志着人类社会进入数据处理的新纪元。第二次世界大战期间，为了能够尽快的破解电报，获取战令的先机，最大限度的减少伤亡人数，英国集结了一批优秀的工程师，他们发明了能够对大量数据进行处理的机器。与此同时，世界上第一台能够进行编程的计算机也由此诞生。进入20世纪60年代，美国国家安全局首当其冲的将电脑应用在对情报进行搜集和处理这一领域，并将分析的结果通过数字化的手段处理成模拟磁盘信息。这一时期，有一件非常重要的事件是不能不提的，那就是万维网的建立。英国著名的计算机科学家蒂姆·伯纳斯·李在1960年时设计出了超文本系统，他将这一系统称为万维网。万维网的出现使世界上各个地方的人们都能够实时地分享信息。戈登·摩尔这位英特尔的创始人在1965年时研究出摩尔定律。摩尔定律指出对于面积相同的芯片而言，每隔一两年，其所容纳的晶体管的数量就是原来的两倍，处理能力也提高了两倍，但是价格却可能下降到原来的二分之一。随着计算机技术的日新月异，电子存储设备的功能越来越强大、体积变得越来越小，而加起来的存储成本却不到当初的一亿分之一，使较低成本的存储海量数据成为可能。1988 年普遍计算这一理论被美国著名的科学家日克•韦泽提了出来。他在这一理论中指出，任何计算机无论身在何处，都能够随时获得数据，并对其进行处理。我们当下所使用的各种类型的传感器、智能手机、可穿戴设备、射频识别标签等，它们在生活中的应用使得数据采集随时随地都能够自动进行，从而奠定了大数据时代的物质基础。1997 年，美国的两位研究员迈克尔•考克斯和大卫•埃尔斯沃斯为对超级计算机产生的超过主存储器存储的，甚至远程磁盘都无法承载的信息和数据进行描述，最早的提出了大数据这一概念。

数据挖掘集中体现了大数据时代的技术基础。根据特定的算法，计算机可以对数量庞大的、毫无联系的数据进行自动分析，以揭示这些数据之间的联系，从而判断其发展趋势。也就是说，人们可以通过对大量的数据进行分析，根据数据所体现出的规律和趋势做出决策判断，信息技术发展到今天，已经可以渗透到我们生活中的每个角落。传统意义上的数据搜集需要人们先制定出调查问卷，然后通过街头发放调查问卷等方式进行逐一采集，最后对调查问卷进行回收并加以分析。这种方法存在两个弊端，一是调查问卷设置的合理性和科学性；二是无法及时对搜集到的信息进行分析、处理。而数据挖掘却能很好的解决上述两个弊端，因此越来越受到人们的欢迎，成为重要的分析预测工具。数据挖掘应用越来越广泛，也对应了大数据具有"数量大、来源广、实时性"三大特点。我们都知道，机器学习是目前大数据领域前沿、热点的技术。机器学习和数据挖掘比较起来，它的算法是不固定的，内设自动调适参数，使计算机能够根据计算和挖掘次数增多对算法参数进行自动调整，从而提高数据挖掘的质量和趋势判断的准确性。这就好比我们给计算机的大脑植入庞大的数据，让它能够通过自主学习来改善并提高分析数据的能力。因此，这一次技术变革被称为"机器学习"。与此同时，人们对于数据的分析和使用的技术也日趋成熟起来。例如，数据仓库、数据可视化、多维联机分析处理、内存分析等。2004 年可以说是社交媒体兴起的一年，人们可以通过互联网在微信这样的社交软件上进行实时交流与互动，传统媒体"一统江山"的局面被打破，世界上的每个人都能够成为内容的生产者，导致产生了大量的数据，人类自此迎来了数据大爆炸的时代。通常情况下，我们在社交软件上获得的数据以非结构化数据居多，处理起来比较困难。

总体来看，正是有大量的信息需要，才最终推动了大数据相关技术的快速发展。最初，大数据技术仅仅是被应用在国家安全领域，此后随着超级计算机的发明，以及存储技术更新和算法的日趋成熟，越来越多的领域开始使用大数据。近年来，我国在大数据技术领域发展的比较迅猛，特别是在教育、金融、保险、医疗等与人们日常生活息息相关的领域运用得越来越普遍。

（二）内涵丰富的大数据

我们通常把容量在 1TB 以上的数据称为大数据，也可以叫作巨量数据或海量数据，在许多学者看来，数据的大小之分有着不同的界定。麦肯锡全球研究所主张不需要给数据到底有多"大"限定出范围，因为他们始终认为随着科技的不断发展，这个"大"的范围将不断扩大。另外，就不同的领域而言，他们对"大"的定义也存在着分歧。因此，我们没有必要做出统一。虽然大数据的定义还没有统一，但一些学者和机构还是从不同的维度对其进行了阐述。

1. 容量维度

麦肯锡全球研究所在其出版的《大数据：创新、竞争力和生产力的下一个前沿》这本书中是这样定义大数据的：大数据通常指大小规格超越传统数据库软件工具抓取、存储、管理和分析能力的数据群。美国国家科学基金会则将大数据定义为：由科学仪器、传感设备、互联网交易、电子邮件、音视频软件、网络点击流等多种数据源生成的大规模、多元化、复杂、长期的分布式数据集。肯尼斯·库克耶和维克托·舍恩伯格共同提出了相对于传统的统计方法，即大数据摒弃了抽样的方法，采用了全样本的方法。

2. 技术维度

有的学者认为，大数据技术是大数据的核心。因此，在他们看来大数据就是对海量数据采集、存储、分析、整合、控制以及与之相关的技术和产业。

3. 综合维度

就职于赛迪智库软件与信息服务业研究所的安晖指出，数据对象、技术、应用在大数据环境下得以统一。因此，安晖认为大数据是集技术、思维方式和方法论统一的一个集合体。

4. 价值维度

由于大数据是基于一种新的处理方式从而为决策者提供新的解决办法的参考，并不断优化运行流程，提高其商业洞察能力。中国工程院院士哪贺铿认为，大数据是指其规模大（或变量复杂）到可以从中挖掘出符合事物发展规律性的数据集。

二、特点鲜明的大数据

1. 海量化

海量化指的是计算机需要收集并分析的数据量非常的大，通常都是以 TB 为单位的，有的甚至可以达到 PB、EB。有人会问 1EB 到底有多大呢？我们以 2011 年美国国会图书馆的存储数据（235TB）作为基准，1EB 就是这个存储数据的 4000 多倍。从人类有文字记录开始以来，我们已经产生了 5EB 的信息量，而仅仅是在过去的 3 年内我们就产生出比人类在 4 万年时间里产生的信息量的总和还要多的信息量，其中 90% 的信息是在过去的两年间产生的。随着数据量不断增大，TB、PB、EB 这些计量单位将逐渐被人们所弃用，而以 ZB 为计量单位的时代正向我们走来。

2. 高速度

高速度指的是处理数据流的速度快。为了处理不断增大的数据量，许多密集型数据处理构架被设计出来并投入到实际工作中。例如，能够运用在由通用硬件构建的大型集群上的具有开放源码的 Apache Hadoop（软件框架）。此外，Apache Hadoop 能够在分布式的环境下，以一种高效、可靠、可伸缩的方式对大数据进行处理。这些新技术、新软件的应用大大提高了数据处理的速度，运用这些新的软件和技术，使数据处理的速度大大加快，实现了数据处理由批处理向流处理的迭代式发展。

3. 精确性

精确性指的是数据的准确性。数据的可信性、真伪性、来源和信誉、有效性、可审计性都是精确性的体现。现实生活中发生的一切都与大数据所能反映出来的内容有着密切的关联性，对于大数据的研究其实就是在海量的数据中寻找并提炼出能够对现实事物进行解释和对其发展趋势进行预判的过程。数据的真实性和完整性关系到决策的准确性和科学性。

（1）数据源

大部分的数据都能够体现出每个消费个体的真实想法，并对他们的消费行为进行实时记录，相较于传统的数据来源和采集方式要准确得多，即使我们无法避免数据失真，但并不影响数据的准确性。

（2）数据量

对于传统的随机抽样数据而言，大数据只针对反映某个现象的全部数据。这种全数据模式使我们对事物进行判断和预测的准确性大大提高，是传统抽样数据无法企及的。

（3）处理过程

在一系列技术的支持下，我们对所获得的大量数据进行"去冗""降噪""过滤"处理之后，再在此基础上加以整理、挖掘、分析，以得到准确且可靠的结论。

4. 多样化

多样化指的是大数据的类型多样。通常情况下，大数据的数据源并不是单一数据源，很多都是非结构化数据和半结构化数据，可以预见，非结构化数据将会成为大数据重要的组成部分。与结构化数据相比，非结构化数据处理起来要困难得多，但是从数据价值来看，这些非结构化数据却不可小觑。

5. 易变性

易变性指的是数据流的变化率。大数据的生成并不是一成不变的。这些数据不仅包括人为产生的大量数据，而且还包括各种智能设备，如监测设备、传感器。这便导致在极短的时间内数据量快速增长，从而引起数据价值快速衰退。人们需要快速处理不断变化的数据，从而做出动态、实时分析。

6. 关联性

关联性指的是数据流之间的关联性。相对于独立的数据，具有关联性的数据有着更大的价值，与过去单一强调单个数据流价值不同的是，大数据强调的是在相互关联的数据流中发现它们之间的相关关系，而非因果关系。只需知道"是什么"，而非"为什么"。大数据时代背景下，通过人类主观意识建立起来的关联物监测法早已无法适应新场景的应用，人类需要在计算机超级计算力和数学模型帮助下对数量庞大、毫无联系的数据进行挖掘和分析，使它们自动建立起关联性，从中取得对人类有价值的信息。

7. 有效性

有效性指的是数据的有效性和存储期限。虽然大数据看上去并没有什么规律可循，甚至是杂乱无章的，但是存储技术也在不断更新换代，大数据的存储在空间和时间上所受到的限制也会越来越少。总有一天，人们可以实现对大数据的长期存储,并对它们进行再查找、再利用,以提升数据的有效性,进而提升在此基础上所做出的判断和预测的准确性。

8. 价值性

人们在处理大数据的过程中虽然降低了它的价值密度,但是它的整体价值却因在数据的交换、整合、分析中发现数据之间的关联性,在获得新发现的这一过程中有所提高。大数据对人类社会的发展和人们日常生活起着重要的作用,它在工业、政务、教育、健康等领域发挥的作用将会越来越大。

三、治理标准体系探究

(一)存在的问题

1. 整体认识的缺乏

在这一场由大数据、"互联网+"、人工智能共同推动的技术变革中,无论是政府,还是企业都开始对数据的价值进行重新定义,与大数据治理有关的问题也越来越受到各方的关注。2003 年,可以说是我国进行大数据治理实践的元年,而到了 2008 年,大数据治理便进入了快车道。时至今日,大数据治理已经渗透到我国的各个领域中。可是,国内在大数据治理的理论基础、研究方法和工具等方面探索还比较肤浅,对于一些问题的理解还存在分歧,没有形成一套行之有效的解决方案,实践过程充满了坎坷,治理的效果也不尽人意。

2. 并不完善的体系规划

让数据成为政府和企业的核心资产,对其加以管理和应用是我国大数据治理最为核心的目标。成功的数据治理不但能够使数据的应用更加规范,增强数据的统一性,还会使组织内部数据质量有所提升,促进数据之间的共享,让大数据成为政府与企业管理和经营的重要参考依据,但实际情况是,政府和企业数据治理的能力并不是很强,因此我们有必要建立大数据治理的标准体系,通过体系的实施来指导和规范政府和企业进行大数据治理,不断提高数据治理领域的标准化,对数据治理机制加以完善,使数据治理能力不断提高,让数据在不同的组织之间得以共享,使数据能够保值增值。

3. 行业支撑力度不够

只有社会成员广泛参与,不断推进标准化、扩大应用领域,大数据治理的相关标准才会对相关行业的健康、有序、可持续发展起到促进作用。任何标准的最终制定都离不开相关产业的运行。目前，重点领域的大数据治理标准还在紧张的制定中，几个编制完成的大数据治理标准相继公布出来。但是，这些标准并不成体系，对于越来越多的领域需要建立起大数据治理体系的迫切需求，我们还有很多工作要做，除了对试点标准进行推广和宣传贯彻外，还应加强试点工作，不断强化标准在提升服务能力、培育消费市场、促进行业发展等方面的积极作用。

（二）概念解析

作为一项系统工程，大数据治理体系的建设并不是只针对某一个体、组织、领域，而是针对一个完整的生态，包括建设平台、制定政策、改革组织、重组流程，甚至是管理元数据、整合主数据、治理个性化的数据以及行业应用，每个细节都要涉及，梅宏院士始终强调要加快大数据治理体系建设，以及大数据治理体系标准化的重要性。之所以要强调大数据治理体系建设，其现实价值就在于能够帮助政府和企业解决我们在大数据应用过程中所遇到的难题，例如，数据的管理机制、开放共享、安全保障等等。将大数据背后蕴含的经济价值释放出来，使其更好的服务于实体经济。在学术界，学者对于到底什么是大数据治理还没有达成统一的意见，但是梅宏院士一直强调，大数据治理体系的建设关系到国家、行业和企业三者，国家应该在法律制度、规范标准、应用实践、技术上给予相应支撑。

（三）体系框架

1.地位

什么是标准体系呢？在某一范围内，按照标准之间的内在联系进而形成有机的科学整体即为标准体系。之前，结合国内外大数据标准制定的情况和发展现状，全国信息标准委员会负责大数据研究的小组进行了研究并发布了大数据标准的体系框架。为了更好的实施国家大数据战略，必须治理好大数据，这样才能发挥大数据在国民经济建设中的作用，做强大数据产业。尽管现在很多的行业都使用了大数据技术，但是对大数据治理还处于起步阶段。随着时间和技术的进步，我们应该不断的完善和改进大数据标准体系框架。因此，张群教授结合我国大数据治理体系的总体目标，在深度研究了大数据的特点和发展趋势之后，对大数据标准体系框架进行了完善，使相关的标准之间衔接的更加紧密、依存度更高。大数据标准体系框架发展越完善，我们才能越发清晰地看到它内在的体系标准，这对推进大数据标准化工作有着积极意义，使其更具系统性、科学性、预见性、全面性。相较于之前的大数据标准体系框架，张群教授提出的框架体系更加完善，主要从基础、数据、技术、平台/工具、管理、安全、大数据治理、行业应用8个方面进行标准的制定。大数据治理标准是其中的重中之重，起到对整个体系的支撑作用。对原有框架进行了细分，研究出了三个层次的支撑结构：基础、数据标准作为底层，主要是提供一些标准基础，如术语、参考架构、元数据；平台/工具标准是技术标准，作为第二层。这一层从技术的角度为大数据治理提供数据处理分析，从平台的角度为大数据治理提供支撑，主要指数据开放、对数据进行全生命周期的处理等；管理、安全标准作为第三层，在管理和安全上为大数据治理标准提供相应的机制；咨询、规划标准、解决方案标准是大数据治理标准的两个重要组成部分。咨询、规划标准起着规范大数据治理的路径规划、评估咨询等作用，而解决方案标准则起着规范大数据治理的解决方案和产品的作用。

2. 建议

（1）多元共治

大数据治理体系的建设应该从国家、行业、组织三个层面共同来治理，我们将大数据治理的标准化工作作为切入点，各地信息技术主管部门、行业组织共同推进大数据治理与相关产业的结合，按照国家大数据治理标准指导实践工作，不断对大数据治理的方案进行完善。目前，大数据技术在应用的过程中还需要不断地提高数据质量、优化管理机制、扩大数据共享、提高安全保障。因此，我们应该对大数据治理体系进行不断完善，从而达到全面覆盖大数据应用领域的目的。

（2）夯实基础

大数据治理标准体系的建设离不开健全的管理机制的保障。无论是国家在政策上给予的支持，还是市场环境的培养，都需要数据管理作为基础配置促进大数据应用的发展。当前，国家标准的制定已经完成，并进入了实质性推广的阶段。我们应该抓住这个时机，完善国家标准推广和服务机制，为国家标准顺利推广做好准备工作。各级部门在数据管理能力上的水平也会因国家标准推广和实施得以提升，大数据产业的基础也会更加牢固，为大数据产业在各领域的蓬勃发展助力。

（3）标准先行

大数据治理的一项重要工作内容就是数据的开放共享。这不仅需要为数据在不同的领域建立统一的开放标准，还要对其开放的边界进行定义。大数据的应用体系、服务体系、产业创新体系都是建立在数据开放的基础上的各个领域按照开放标准的指导对数据开放的策略和计划加以不断完善，同时在此基础上对其制度和流程进行制定，从而构建数据开放技术体系和服务平台，以便能够高效、便捷的使用数据。此外，我们还要制定数据的共享标准，以使数据能够在不同的行业、组织、场景中自由的应用，强化跨行业之间的业务流程，冲破数据壁垒，提升全行业的整体盈利水平。与此同时，数据标准制定和技术水平发展有助于共享数据资源的管理，能够加速数据资产的变现能力。

（4）紧跟需求

大数据技术已经在城市建设、金融理财、高端制造、新能源等领域开展了应用，将来这些领域是大数据治理研究的重点领域，我们将以大数据国家标准为指导，不断提升产业环境，为产业升级添砖加瓦。

第二节　档案管理的新要求

一、理论体系之变

（一）数据观的改变

随着移动通信技术的普及，人们进入了大数据时代。数据员的激增是这一时代突出的特点，我们以前用于描述和处理数据的技术和方法在此时就会显得力不从心。人们对于数据的使用已经不再仅限于抽样数据，而是全部数据，任何数据在大数据时代都有它自身存在的价值。而对于大数据的定义、特点、治理标准体系，笔者在上一章已经做了详细介绍，并展开了相关问题的讨论，在此就不再赘述了。那么档案又和大数据有什么关系呢？无论是档案馆的馆藏档案，还是各级各类单位、公司的档案，都可以把它们看成档案部门的大数据。受财力、人力、物力的约束，档案管理部门只能把一些有用的信息归入档案进行保存，那些看似没有价值的信息就只能被丢弃。尽管档案管理部门希望能够将全部的资料都加以归档，避免因档案数据的遗失造成任何损失。而现在就不同了，随着计算机技术的发展，人们进入了大数据时代，过去那些单一的数据可能没有任何意义，但是当集中到一起时，它们的作用便会显现出来。因此，档案部门要摒弃过去那种对档案数据"挑三拣四"的归档理念，树立大数据技术背景下的数据观。

（二）档案观的改变

重视数据是大数据观一直秉持的观念，任何数据在大数据看来都是有用的。档案观的改变是要求档案管理部门将有用的数据视为档案的传统观念转变为所有的档案数据都是有用的这一新的观念。人类的智慧结晶、生产生活都可以通过档案得以真实反映，但是实际情况却是它们被散落在社会的各个角落，很多宝贵的档案面临无人整理、遗失，甚至受损的情况。因此，我们有必要建立新的档案观，主要因为：第一，随着技术的发展，我们能够做到"一切归档"，档案之门能够开得更大。归档的范围应该不断扩大、门类也应该更加丰富，把所有涉及社会生产生活的、具有保存和利用价值的信息都涵盖进来，特别是对在互联网上产生的信息进行及时抓取，如果抓取不及时便会让这些信息消失在茫茫的信息海洋里，难觅踪迹。对于那些层次较低、平民化的信息要加以关注；第二，无处不在的档案。在人们固有的观念里，档案馆里存放的档案才叫作档案。但是随着互联网的普及，每时每刻海量的信息数据如同海底火山一样喷涌而出，分布在各个网络节点的神经末梢。尽管人们没有及时的把它们收集到档案馆里，但是如果有需要，它们能够被检索到，发挥自身的价值，那么它们就是潜在的档案。

（三）服务观的改变

作为信息科技领域一项具有颠覆性的技术变革—大数据，其实质是计算机服务时代的来临，对数据抽丝剥茧、总结结论更体现出了计算机行业正从技术供应型转为服务供应型，服务的高层次要求需要技术的变革，更好的服务需要进步的技术作为基础。数据之所以会存在就是要利用服务，是因为大数据的产生使人们的需求发生了改变。利用服务不再像过去那样简单而纯粹，人们除了利用文件外，还渴望通过文件中的数据获得更多隐藏的信息和内容。在大数据背景下，档案服务定会向多元化、社会化的方向迈进，服务将成为档案管理侧重的一个方面：第一，档案管理要"为民服务"。档案部门不仅要坚守国家赋予的责任、坚持党的利益，还要树立服务民生的意识，维护好新时期国家赋予广大人民群众的自身利益。第二，变被动型服务为主动型服务。档案部门应该充分利用大数据的相关技术将蕴藏在海量数据背后的知识发掘出来，通过分析用户的习惯和兴趣挖掘出更多的数据，变革档案利用服务的方式，提高档案服务水平，将准确度高、利用价值大的档案信息推送给用户，不断完善档案咨询服务工作。第三，建立一站式档案服务体系。好的档案服务是建立在大众的数据基础之上的，收集的档案越全，整理得越规范，人们查到自己需要的档案的概率就越大，也就越能为人们解决问题。因此，档案管理部门应该建立起一套一站式档案服务体系，使人们可以不受时间和空间的限制，对海量数据做出精细化查询，得到最佳的数据解决方案。

（四）平台的搭建

为了适应互联网的快速发展，各行各业都积极地开始搭建适合自身发展的平台。平台可以作为收发信息的资源，信息资源越是丰富就越能吸引到用户，只有用户达到一定的数量才可以维持行业的健康快速发展。随着时间的推移，越来越多的档案数据沉淀下来。在大数据时代背景下，已有的档案管理模式早已无法适应信息资源管理的新要求。为了尽早改变这种局面，档案部门应该及早建立一个有着丰富信息资源、便于操作、高效服务的档案数据平台。在建设档案数据平台时，我们应该注意以下两个方面：第一，一定要做好档案管理系统互联网平台的开发工作。进入信息化时代，一张张档案信息网被建立起来。从地区来看，中东部地区的档案信息网无论是在数量上，还是在内容上都要明显高于西部地区；从层级来看，省市级档案信息网较县级档案信息网的建设要好很多。地区发展不平衡、层次不完善是目前各地档案信息化建设面临的现实问题，各地的档案管理部门要借助大数据技术，在不断完善自身档案信息网建设的同时，发挥地区优势，对于不发达地区的档案信息网建设工作给予一定的技术支持，帮助它们一同进步，争取早日实现全国档案管理系统平台的建成。第二，行业内部档案管理系统局域网平台的建设工作。局域网的优势就在于方便进行行业内部的沟通和交流。通过建立行业内部系统平台，不但能够避免由于各自操作导致信息无法流转的情况出现，借助权限管理集中数据资源，还可以通过附属软件将外部信息在系统中进行导入和导出操作。这样，既满足了办公自动化的要求，又提高了各级、各部门之间处理文件的效率。档案系统平台应该包括"档案管理"模块，按照不同部门产生的档案将档案分门别类。例如，文书类、业务类、财务类、科技类、实物类、公务礼品类等等。在业务工作的每个环节中渗透档案管理的理念。档案员可以直接预判归档来往的文件，并借助内部系统平台对本年度内各科室办理完的文件加以汇总，按照"机构——问题——保管期限"完成归档，归档文件目录可由计算机软件自动生成，使纸质档案与电子档案一一对应（通常情况下，普发性通知文件可以不必打印出来，但是需要备注在归档文件目录里）。

二、数据资源体系之变

（一）更广的来源

在人们的固有观念里，档案部门收藏的都是一些有关党和国家的档案，把档案的范围集中在机关和企事业单位中，这就大大地限制了档案的来源。在大数据时代背景下，互联网、社会、大众生活也应该成为获取档案数据的来源。随着互联网的普及，越来越多的数据来自互联网。如今，互联网已经成为最大的信息资源生产地，而我国的网民数量已经稳居世界各国之首。互联网产生的海量信息已经成为档案数据的一个重要来源，同时，加大对民生的关注力度是档案部门获取档案数据来源的又一个较大变化。最近几年，为了响应国家政策，档案部门加大了对收集与民众切身利益相关的民生档案的工作力度。档案部门还利用国际档案日对普通公民展开教育，帮助民众树立社会档案意识，唤起他们对我国档案的关注。生活中那些七零八碎、与自身生活息息相关的照片、影像、发票、凭证、行车记录、就诊信息等等，看上去貌似毫无价值，但都是我们每个人过去岁月中的一部分，对于个人而言有着重大的意义。当前，为了使我国的档案管理向生活化、草根化方向发展，家庭档案和个人档案建立正成为一种新的趋势。

（二）更丰富的内容

信息资源是档案部门安身立命的根本所在。数量越大、门类越多，档案的价值才越能发挥出来，越凸显档案部门的社会地位。当信息技术进入大数据时代，档案部门也意识到自身变革的重要性，开始不断的改变自己。

1. 数据量大增

在大数据背景下，我国档案数据资源在总量上呈现出快速增长的趋势，随着新一轮各级各类档案馆扩建工程批复与落地，我国档案馆馆藏容量必将持续增长，对于存量档案的数字化处理以及新增档案的电产化处理将是档案部门今后一段时间的工作重点，"双套归档制"仍是我国档案管理的主要制度。而那些经过移交、寄存、撤转并改的档案，很容易就会让档案馆的馆藏存储量由TB 级跨越到 PB 级。

2.数据类型大增

纸质、声像、实物是档案常见的三种类型。随着信息化的普及，电子档案也成为档案的一种类型。此外，档案部门还要对浏览查询记录、用户信息等进行保存。由于这些信息的载体不同、各自特点突出、结构差异大，因此档案部门以不同的方式把它们分门别类的保管起来，这样，即使是同一个信息也会因载体的不同而呈现出不同的数据形式，同样的道理，同一个数据形式会因载体的不同而呈现出不同的信息，异构数据大集群便由此产生。随着大数据技术的发展，越来越多的半结构化、非结构化的数据将以表格、文档、图像、音频、视频、网页等的形态呈现出来。异构化数据将是未来档案馆藏的重要来源，类型多样、非结构化的数据将在档案中占有越来越大的比例。

3.数据价值密度下降

与一般的信息资源相比，档案能够真实的记录历史，因此有着很高的价值。然而，对于大多数的档案而言，从它们进入档案馆那一刻起，便进入了深度睡眠的状态，很少有人问津。相关调查表明，真正具有较大利用价值、利用率较高的档案在全部馆藏中占比并不是很高。随着大数据时代的到来，档案数量不断增加，档案价值密度越来越低，因此有价值的档案占比也越来越低。

4.数据处理速度加快

信息化技术的普及使档案部门对档案的管理工作由过去的人工手动管理模式转变为信息化的、网络化的收、管、用业务流程管理模式。时效性和便捷性是大数据时代档案管理工作的两大特点：第一，互联网上的信息更新速度都会很快，特别是那些有用的信息，若无法将它们快速的抓取出来，这些信息便难觅踪影；第二，为了更好地满足用户的需求，档案员应该快速的从海量的档案中提取用户想要的信息。怎样才能够快速地提取出用户想要的信息呢？云计算技术是大数据背景下档案部门亟待学习和掌握的一项技术。云计算技术基于互联网技术，利用各种精密的算法，在大幅度提高档案资源处理速度的同时，提高查找的准确度。

（三）更多的收集方式

1.强制收集

在实际工作中，有的单位总是借故拖延或是从未积极主动的把档案交给档案馆。2020年6月20日第十三届全国人民代表大会常务委员会第十九次会议对《中华人民共和国档案法》做出了修订。其第七章第四十八条规定单位或者个人有下列行为的，由县级以上档案主管部门、有关机关对直接负责的主管人员和其他责任人员依法给予处分：①丢失属于国家所有的档案的；②擅自提供、抄录、复制、公布属于国家所有的档案的；③买卖或者非法转让属于国家所有的档案的；④篡改、损毁、伪造档案或者擅自销毁档案的；⑤将档案出卖、赠送给外国人或者外国组织的；⑥不按规定归档或者不按期移交档案，被责令改正而拒不改正的；⑦不按规定向社会开放、提供利用档案的；⑧明知存在档案安全隐患而不采取补救措施，造成档案损毁、缺失，或者存在档案安全隐患被责令限期整改而逾期未整改的；⑨发生档案安全事故后，不采取抢救措施或者隐瞒不报，拒绝调查的；⑩档案工作人员玩忽职守，造成档案损毁、缺失的。修订后的《中华人民共和国档案法》赋予了档案行政管理部门强制执行档案收集移交的权利，也从法律层面明确了违法违规人员和行为的法律责任。

2. 实时捕捉

互联网可谓是深入每个人的日常生活当中，它所蕴含的信息具有数量大、更新快、传播广的特点。这给大数据时代下的档案收集工作提出了新的挑战。对于档案员而言，能否捕捉到有价值的信息并将其归档，是对档案员业务能力和操作水平的检验。档案部门应该转变过去"等人送上门"的档案收集办法，应该利用云计算技术，实时抓取互联网上有用的信息，使档案资源动态化，不断提高互联网信息资源抓取的科学性、准确性。

三、利用服务体系之变

（一）服务对象

以前，党和政府的相关部门是档案部门服务的主要对象，因此企事业单位、公务员、职工是档案服务的受益者。新时期，国家对民生档案资源收集给予更多重视。档案服务要面向广大人民群众，为智慧城市建设服务、为特色小镇建设服务。而档案服务的另一个显著变化就是从线下服务延伸到线上服务。随着网络通信技术快速发展，网络数据传输速度越来越快，百兆网速已经得到普及，在移动通信方面5G网络已经在部分城市开始运营。网络的畅通为极大丰富的数据资源提供了物质基础，这也为档案管理的网络化建设提供了技术支持。于是，更多的网络用户成为档案服务的新客源。他们在查找档案的时候并不需要亲自来到档案馆，而是通过互联网进入档案馆的网站，浏览和查阅自己需要的档案信息。他们的需求和咨询行为使他们成为档案用户和档案潜在用户。

（二）服务内容

长期以来，档案馆都是按照"用户到馆查询，档案馆为其查找"的模式开展服务的。档案馆的服务范围只针对馆内的资源，而馆外的资源由于没有进入馆内，自然不在服务的范围之内。但是，从比例上看，大部分的档案都因档案馆容纳档案的空间有限被"拒之馆外"。在大数据背景下，档案馆应该把馆外资源，特别是互联网资源因其自身的优势和价值，纳入档案服务内容中，使档案服务内容更加丰富。过去那种用户需要什么，档案员就提供什么的服务模式只是浅层次的档案服务，在大数据时代，档案服务要把心思放在关注用户个体行为上，通过分析用户的身份信息、搜索方式、查询记录、利用结果等数据，描绘出用户的利用需求和利用习惯，为满足社会个体需求为目的的档案服务开展提供数据支持。针对档案用户的个性化需求制定出相应的查询与解决办法，使档案服务内容突出差异、精准到位。

（三）服务方式

档案服务的实体机构是各级各类的档案馆，大量的档案资源存放在档案里，馆藏成为传统意义上档案服务的物质基础。档案用户只有在获得身份证明后才能够到档案馆查询需要的档案资料，而在大数据背景下，档案用户则无须经历这个烦琐的过程，而是可以借助互联网，通过档案远程服务的方式，便可以轻松地解决档案挖询的相关问题，档案馆在收到用户诉求之后，通过互联网、快递或其他方式将档案提供给用户。有了大数据的相关技术支持，档案馆的服务方式向个性定制、智能推送的方向发展。档案员也不再像过去那样，只是等着用户来到档案馆查询档案，而是利用互联网向任何需要档案服务的用户展开网上询问、答疑服务，记录他们的诉求、分析他们的需求，判断他们的需求趋势和利用偏好，积极挖掘他们潜在的查询需求，并利用人工智能向他们推送其感兴趣的内容和服务。

（四）服务目的

能够最大限度的满足档案用户的信息需求是档案服务的最高目的。在大数据时代背景下，用户对档案的需要已经不再停留在档案资料的表层，而是要结合自身的知识储备和个性化的理解来筛选和捕捉信息内容，把看起来毫无规律的信息整理成为可以用来解决特定问题的答案或者方法。在大数据时代下，用户需求是档案部门服务工作的出发点。与此同时，档案部门还要精准地掌握档案用户的深层需求，把相关的知识传递给他们，从而实现档案信息资源利用服务同知识服务的双赢。

四、安全保障体系之变

（一）保管条件

档案类型的变化对档案数据的保管条件也提出了不同的要求。过去，由于大部分的档案类型比较单一，通常以纸张、胶片的形式存在，种类单一，档案库房只要严格地按照"八防"的要求进行保管便不会造成档案的损失。随着信息技术的发展，信息载体的形式也越来越丰富，档案的类型也从最初的纸质档案发展到音像档案、光盘档案、数码缩微档案等。这些档案类型对保存条件和保存场所提出了更高的要求。例如，音像档案不能靠近磁场，光盘档案不能磨损，在对档案馆进行扩建工程时要将档案数据保管基础条件设施的安全性考虑进去，同时必须购买专业的设备确保各种类型档案的安全。

（二）应急管理

由于档案本身具有很高的价值且独一份，所以档案管理工作的一项重要内容就是档案的安全应急管理。然而，无论人们把档案防护工作考虑得多么周密，档案还是无法摆脱丢失的风险。主要有两方面的原因：一方面"然性和社会性"重大突发事件对档案资源的安全管理带来了严重的威胁；另一方面传统档案管理工作模式与机制难以套用到重大突发事件的档案管理工作之中。当前，我国的存量档案规模已经很大，增量档案的增长速度很快，类型也在不断增多，而传统的档案应急管理制度存在适用范围过窄、应变能力差的缺点，完善的电子档案安全应急管理制度还没有建立起来，因此当突发事件来临时，档案安全必将承受巨大的挑战，在大数据时代背景下，除了以突发事件的类型为切入点外，档案应急管理还应该根据档案类型的不同，制定出有针对性的精细化应急预案，建立标准化的应急管理制度，使档案应急行为常态化，最大限度的减轻或者避免紧急事件对档案造成难以挽回的后果。

（三）技术手段

在大数据时代，档案数据的规模变得空前庞大，单一的计算机输入检出方式已经无法适应档案数据的快速增长。为了适应这一趋势，云计算技术被档案部门应用在日常的档案管理工作中。规模大、可靠性高、通用性强等都是云计算的优点，它的应用可以有效地减少档案部门在档案管理上的人力、物力、财力投入。但是，目前我国很多档案部门在技术方面还比较弱，加之缺乏专业的IT人才，要想靠自己的力量研发云计算技术，难度可想而知。因此，与云计算服务运营商展开合作，共同开发档案管理云计算系统是比较理想的方式。但是，这种方式并不是没有缺陷。云计算服务运营商虽然能够为档案管理云计算系统提供技术安全保障. 并且明确了双方的权利和责任，但是互联网和任何技术本身都不是完美无缺的，无论是在数据采集、存储，还是在数据访问、传输等环节，漏洞都可能存在，而黑客则会利用这些漏洞对档案管理云计算系统展开攻击。此外，用户越权访问、操纵控制、数据泄密等安全问题也会使档案的安全受到挑战。因此，档案部门需要在技术上占有主导性，把可能给档案安全带来威胁的外在因素排除出去。

（四）长期保存

档案数据的存储工作在大数据时代背景下需要面临两个问题：一个是足够的存储空间；另一个是长期存储的安全。

（1）由于档案的载体形式越来越多元化，"Onesizefitall" 模式早已无法适应档案管理的要求，取而代之的是"NoSQL（非关系型数据库）"模式。"NoSQL"模式适用于结构比较复杂且快速增长的数据，但与传统的关系型数据库（SQL）相比，在保存成熟度和安全方面有着不尽人意的地方，对档案的长期保存存在着巨大的威胁。

（2）档案的保管期限是按照其自身价值的大小进行划分的。通常情况下，能够被保存在档案馆里的档案都是永久保存档案，档案馆要确保这些档案的安全和长期可用。虽然档案馆在保存纸质档案方面有着很多丰富的经验，但是受到外部环境的影响纸质档案上的字迹也会褪色、纸张发生脆化，而档案载体的多样化也使档案的长期保存需要耗费大量的精力。例如，理论上，光盘档案的保存年限是 20 年，但实际情况却是大部分的光盘在存放几年之后便无法打开。在大数据时代，特别是电子文件、数字档案的长期保存随时都会面临着由于载体、格式、计算机技术的滞后以及保存标准规范不完善等带来的潜在威胁。

（五）信息安全

1. 档案数据丢失

在大数据环境下，档案数据被存放在电脑系统里，一般是不会丢失的。但是当遇到软件漏洞、硬件故障、操作失误等无法控制的情况发生时，档案数据便会无法使用、读取、损坏或者丢失。越是复杂的系统数据量越大，数据丢失的概率也越高。

2. 秘密隐私泄露

在电脑系统进行分析的过程中，终端端口一定会残留个人信息，如果这些终端端口存在漏洞的话，无疑会被不法分子或黑客利用，导致信息外流。对于国家而言，机密档案若是遭到泄露必将造成巨大的经济损失，甚至威胁到国家安全；对于个人而言，隐私的泄露除了会造成经济损失外，还会对人身安全造成不可挽回的后果。

3. 网络侵权和数据的恶意使用

在大数据时代下，数据公开的程度比较高，这便会为网络侵权埋下风险。在互联网环境下，网络资源得以共享，就很容易产生网络侵权的行为。档案数据有着很高的价值，极易被不法之徒当作谋取利益的工具，他们会恶意使用数据，通过使用计算机系统内的合理数据完成某些恶意任务，对人们的个人利益造成损害。因此，数据拥有者一定要通过技术手段保管好个人的隐私信息。

五、行政管理体系之变

（一）行政职能

党委政府的档案室是档案行政管理部门的发源地，"局馆合一"是我国档案管理工作的一贯行政体制，发展好业务能力是档案行政管理部门常抓不懈的工作重点。政企分开以后，档案行政管理部门在管理企事业单位时也从过去的微观指导转变为现在的宏观调控。进入大数据时代，企事业单位的档案数量呈现出几何增长，越来越多的档案服务中介机构发展起来，大部分的档案业务微观服务被它们承接了，这样过去"档案实物"的工作便从档案管理中分离了出来，强化自身行政管理职能，对国家机构、社会组织、个人相关档案业务监督和管理成为档案管理的主要内容。

（二）合作方式

以往，档案行政管理部门的主要管理对象是党和政府部门的档案事务，其中很多档案的保密程度都很高，因此人们通常把档案局和档案馆建在十分隐蔽的地方，避免和其他的部门产生接触与合作，关起门来，禁止无关人员随便进入。随着党和政府的一些档案以及越来越多的企事业单位的档案解密。在大数据环境下，档案行政管理部门需要树立"数据开放，资源共享"的理念，充分借助社会力量开放档案，实现其应有的价值，而不是像过去那样把档案资源牢牢的攥在自己的手里。无论是对档案数据收集和保存，还是对档案数据利用和共享，都离不开互联网、数据技术公司、信息化工作部门的大力支持，档案行政管理部门随时都得与它们打交道，它们也逐渐成为档案行政管理部门越来越重要的合作伙伴。若是没有了网络和技术，就算档案资源再丰富，档案行政管理部门也不能实现档案和社会的共享。

第三节　档案管理存在的问题

一、对档案管理重视程度不够

从总体上看，企事业单位和民企都能在《中华人民共和国档案法》的指导下，在实践过程中对档案进行科学分类、及时归档，并向各级各类档案馆及时移交存档。可以说，这在一定程度上提升了档案管理工作的效率。然而，个别档案员至今还没有意识到档案管理工作的重要性，抱着得过且过的心态，应付了事，把档案管理工作看成不得不完成上级任务的门面工作。基于这种错误的认识，个别档案员在工作中漫不经心，随意放置档案，毫无科学性可言，一些重要的档案也没有做到及时归档，甚至出现档案遗失的情况，这些做法严重的影响了档案管理工作的质量。

二、档案管理数字化滞后

（一）档案管理的数字化过程较为片面

档案管理的数字化过程较为片面，主要表现为数字化档案管理的制度和措施不够全面，存在一些漏洞。具体展开来说，有以下三点：一是重视数字化管理理念，忽视数字化措施落实。一味的强调要善用数字化档案管理新理念，但是在具体基层工作实践中却常常疏于考核和调研，导致一些制度和措施得不到有效落实。二是重视数字化设备采购，忽视数字化人才引进。将数字化档案管理简单的等同于档案管理设备的数字化，大众采购数字化的硬件设备，而原有工作人员缺乏专业的数字化能力，致使很多设备处于闲置状态。三是重视数字化工作推进，忽视数字化安全保障。与传统纸质档案保存不一样，数字化档案管理依托大数据、网络化、物联网等技术，很容易受到网络黑客攻击，轻则致使系统瘫痪，重则导致数据流失。

（二）档案管理的数字化管理较为独立

目前，档案管理的数字化程度还不够高，以至于数字化档案管理较为独立，同一档案管理单位内部还不能实现所有信息互联互通，不同档案管理单位外部还不能统一数字化管理标准和要求。在这种情况下，极易产生数字化档案管理单位或部门间的信息壁垒，不利于档案管理数字化高质量发展。一方面，档案管理的数字化建设进程处于起步阶段，各项制度和标准正处在积极探索过程中，难以形成统一规范的建设范本；另一方面，档案管理的数字化建设初期阶段需要耗费大量资金，用于采购智能化的数字设备，引进高尖端的专业人才，各级档案管理单位受地方经济发展水平和财政统筹规划因素影响，间接造成数字化档案管理建设投入差距，形成不同水平相互独立的事实。

（三）数字化的档案管理利用效率不高

数字化的档案管理整体利用效率不高，说明数字化档案管理的普及度以及简易化水平还远远不够，其中既有人们自身使用数字化技术的学习能力，也有数字化档案管理操作流程的问题。总的来说，将数字化理念运用到档案管理中，整体还处于有效衔接的探索阶段，在具体的操作流程中数字化的技术显得更为重要，此外，个别档案管理工作人员还不够熟知数字化档案管理设备的功能，运用这些智能化的数字设备需要不断地适应和学习。当然，这与数字化档案管理推行也有很大的关系。

第八章　图书馆档案管理的总体设计

第一节　参与档案管理系统的设计

在大数据环境下，档案实体管理日益智能化，收集、过滤、整合、分析、可视化等管理流程需要全部借助计算机系统来完成。档案管理人员虽然不能胜任技术类的工作，但是仍然能够通过档案管理方面的技能和技术人员展开合作，参与档案管理。对数据进行前端控制是一种基于全程管理思想的管理方法，目的就是保持数据产生的真实性。国际档案界规定，档案部门及其人员对电子文件生命周期的适当干预时机是在电子文件管理系统的设计阶段，主张在电子文件生成之前就采取行动，设计出功能合理的文件管理系统作为管理电子文件的前提。对电子文件实施前端控制主要是基于三个方面的原因：首先是电子文件完整的需要；其次是确保电子文件归档的需要；最后是确保电子文件安全利用的需要。这里所说的电子文件管理系统在管理的角度对应的就是电子档案管理系统。笔者认为，电子文件管理只不过是将影响范围扩大到电子文件的形成阶段。电子档案管理功能的实现一般包括三种方式：电子文件归档与电子档案管理功能由档案管理系统单独承担、电子文件归档与电子档案管理功能分别由业务系统和独立档案管理系统承担、电子文件归档和电子档案管理功能集中嵌入业务系统并由业务系统执行。尽管档案管理人员不能直接设计系统，但仍然能够参与档案相关管理系统设计，更好的帮助系统中档案管理功能的实现。因此，档案管理人员对档案相关管理系统具有重要作用，这种作用主要表现在提出功能需求、检验质量水平和监测各种问题三个方面。

一、提出系统应当满足的功能需求

档案管理人员通过系统实现档案高效管理的需求是设计规划档案相关管理系统的动力和依据。因此，档案管理人员应该以档案学的相关理论作为设计要求，根据本组织档案管理的目标，从实际出发，向系统设计人员完整、准确地表达档案相关管理系统所需要满足的应用需求。这种应用需求包括档案信息需求、系统功能需求、系统性能需求三个方面。

（一）档案信息需求

档案信息需求指的是为了满足组织利益的需要，要求档案相关管理系统提供所需档案和档案管理信息。为了实现这种信息需求，档案管理者有必要向系统设计者提出相关要求：首先，确定档案收集的范围，不仅要将电子商务系统各商务端产生的档案收集起来，还要保留档案管理的操作记录；其次，确定档案信息的层次，包括档案本身、元数据、背景信息以及其他相关信息；最后，确定档案信息的结构，有的档案是结构化的数据，有的档案是非结构化的数据。对于不同文字、图片、视频的档案来说，其结构也有所不同。

（二）系统功能需求

系统功能需求指的是需要档案相关管理系统满足对档案信息进行各种操作的需要。一般情况下，系统功能分为服务性功能和管理性功能。服务性功能指的是档案相关管理系统能够满足管理人员工作的需要，比如数据检索、下载、打印、导入、导出等供人操作的功能；管理性功能指的是系统自身能够独立完成操作，能够实现数据自动收集、存储、拷贝、传输，保证数据拥有足够的存储空间，对数据的安全性能够实现自动防护和预警。

（三）系统性能需求

系统性能需求指的是需要档案相关管理系统在管理档案信息过程中所能达到的效率标准。一般情况下，我们要求档案相关管理系统能够提供人性化的操作界面，结合存储设备实现随时响应、自动运行、自主防护等基本功能，以确保档案的可提供利用性。除了这些基本功能外，我们还希望系统能够体现出一定的人工智能特点，比如系统对数据管理可扩展和可兼容、对自身错误可自纠、对数据丢失可恢复等。既能够快速响应，又能够出色完成。

对于应用需求的提出，档案管理人员应该就实际需要和未来需要做一个需求规划书，将需求内容按条理安排好。需求的提出应该保证在相当长的一段时间内不再提出新的需求，防止给技术人员造成繁重的工作，应该就需求内容做一个长期而成熟的考虑。对于需求规划书，档案管理人员应该注意备份，以便作为系统设计验收和测试的依据。

二、检验系统应当达到的质量水平

（一）与技术人员密切配合，在系统开发中做好阶段性检验

档案管理人员与系统开发人员属于两种不同种类的专业，两者对于对方所涉及的领域难免存在不解之处，因此两者在系统设计之初就应该相互配合和交流，解决设计初期已经发现的问题。在系统的制作过程中要密切配合技术人员解决在设计阶段发现的问题，最大限度保证及时发现问题和解决问题。

（二）检验数据要足够充足，数据质量与实际情况相符

在档案相关管理系统初步建成后，需要档案管理人员就相应的功能要求进行测试。档案具有种类多、规模大、集成高的特点，不能就一些简单少量的数据进行测试，要在一定范围内将档案相关管理系统嵌入业务系统，通过对大量的档案数据检验系统研发的质量是否符合要求。因此，档案管理人员应该尽早协调企业内的相关部门，做好数据准备。

（三）以实用标准为主，形式标准为辅

一个好用的计算机系统主要取决于它的实用性。因此，实用标准是衡量档案相关管理系统是否合格的主要标准。形式标准相对于实用标准，表现在追求技术的先进和外观的新颖形式标准可以在满足实用标准的前提下，酌情考虑。如果能提高实用性、成本又允许，则可以考虑形式标准；但是如果实用性条件一样，则应该考虑采用成本较为低廉的技术方案。

三、监测反馈系统运行的各种问题

一般来说，设计档案相关管理系统除了要实现管理档案的功能外，还要最大限度减少人为操作的干预，起到解放人力劳动的目的。由于系统是根据人的需求设计的，其本身的构成包括计算机系统的软件和硬件，所以系统在运行过

程中难免会遇到故障。这时就需要启动一些人为操作技来保障工作继续，并交由系统技术人员进行维护。为了更好地应用系统以及保障系统运行的效率，档案管理人员作为系统的生人有必要掌握系统的有关知识。这种知识的驾驭包括掌握功能操作和熟悉系统结构。掌握功能操作指的是档案管理人员能够掌握系统的手动操作功能和手动纠错方法，特别是在企业相关人员要求查询档案时，档案管理人员能够将需求转化成逻辑进行表达。熟悉系统结构指的是要对系统的软硬件构成有一定了解，方便在系统发生故障时做出反馈。档案管理人员在做好掌握系统知识的工作之外，还要实时监督系统运行情况、分析系统运行状况、总结运行过程中出现的问题，包括功能问题、效益问题、需求问题等。档案管理人员就总结的结果实事求是的报送给技术人员，提出自己的整改建议，让技术人员能够更好地完善和修复系统。

第二节　提高档案的风险管理水平

一、识别评估档案面对的风险

档案风险识别指的是通过对档案进行系统了解和分析，认清档案管理过程中存在的各种风险因素，进而确定所面临的风险及其性质，并掌握其发展趋势。风险因素是引发或扩大档案风险事故发生的主观条件，包括企业内部因素、自然环境因素、社会环境因素。企业内部因素包括软硬件基础设施因素、系统设计因素、档案管理制度因素、组织责任因素、人员因素、资金因素等。自然环境因素包括保管场所因素、天灾因素、人祸因素。社会环境因素包括用户因素、同行因素、支持部门因素。风险因素直接导致风险事故的发生，风险事故是档案受损的直接原因，风险因素是间接或者根本原因，比如由于人为失误操作导致的系统故障，使档案收集不齐全不完整，这里的系统故障是风险事故，直接导致档案收集不完整，风险因素是人为失误操作，是导致风险发生的根本原因，档案风险识别是风险应对的有效前提，只有做好风险识别才能有效遏制风险的发生。做好档案的风险识别，要遵循一定的识别原则：第一，全面性原则。把能够造成档案风险发生的所有因素都要考虑在内，避免有所遗漏。第二，系统性原则。把档案风险的识别看作一个系统性过程，按照由点到线、由线到面、由面到体的系统性思维进行风险辨识。第三，准确性原则。能够按照明确的识别标准，清晰的辨别风险因素，准确把握风险因素带来的风险事故和档案损失。第四，科学性原则。对档案风险的识别采用科学的理论和方法作为依据，避免随意性。档案风险评估是通过定量和定性分析相结合的方式，对系统和档案的各个质量属性进行分析和评价，评估档案的风险及其发生风险的可能性，结合档案的价值量来判断档案风险造成的价值影响，从而划定风险等级。风险评估需要结合风险识别来进行，首先通过风险识别确定风险能够发生的可能性大小，其次按照档案损失大小、风险发生概率、风险控制程度等相关指标衡量风险等级，风险评估的主要任务就是确定风险等级，风险等级通过评估结果表现出来。除了要对风险等级进行评估外，还要对原来的应对措施进行评估，进而对旧有办法采取剔除、改善或保留的措施。

二、积极应对档案风险

档案风险的应对是通过对各种风险因素的管控，规避风险事故的发生，弥补风险后果并阻止其扩散的过程，其目的在于最大限度地减小因档案管理不当造成的损失。档案的风险应对包括预防风险、减轻风险、转移风险、接受风险和回避风险五种基本策略。预防风险包括三个方面，即防止风险因素的出现、消除出现的风险因素、控制出现的风险因素。通过上述预防风险的方法防止风险事故的发生，进而使档案免受损失。减轻风险不同于预防风险，不能有效避免风险事故和风险后果，只能集中力量控制危害最大的风险，切断不同风险事故之间的关联效应，从而延缓风险发生的时间、减少风险发生的频率或者消减风险带来的不利后果，这种风险应对方法一般通过减轻风险因素、减轻风险后果两种方法实现转移风险又叫合伙分担风险，即借用合同或协议，在风险事故发生时将损失的一部分转移到有能力承受或控制风险的个人或组织。例如，通过系统外包服务，把系统软硬件缺陷所带来的档案数据丢失的风险后果按照协议将一部分责任转移给外包商承担者。接受风险指的是在风险事故发生后再进行相关风险的处理，即承担风险后果的一种应对办法，包括主动接受和被动接受两种情况。主动接受就是我们常说的风险应急，而被动接受指的是不采取任何补救措施进行补救，默认承受风险带来的损失。这种被动式应对办法主要用于风险应对成本超过档案价值损失的情况。回避风险主要指的是放弃对档案的管理，通过这种方式避免风险的发生。回避风险是极其消极的应对方法，采取这种方法的企业由于资金、人员和规模的局限无法进行档案管理，从而回避风险发生的可能性。对档案进行风险应对应该采取前四种方法措施，即预防风险、减轻风险、转移风险、接受风险。对于不同的风险应该综合运用不同的应对措施，以主动应对为主、被动应对为辅"在接受风险的措施中，如果主动接受风险所产生的成本高于档案受损所造成的经济损失，可以采取被动接受风险；反之则采取主动接受风险。"

三、构建档案风险管理体系

构建档案风险管理体系是通过统筹企业人、财、物，提出档案风险管理的总体目标和阶段性目标，根据目标制定风险管理方案，进而实现这些目标。档案风险管理的总体目标是保证档案的实体安全和内容安全；阶段性目标则是基于风险管理各个环节而有所不同，包括识别风险、评估风险和应对风险，构建档案风险管理体系的首要条件是获得相关企业领导批准以及企业人、财、物的支持。因此，档案管理人员应该就构建档案风险管理体系的必要性做好资料收集和材料撰写工作，然后向有关企业领导递交申请并获得批准和支持。在以上前提条件得以满足的基础上，档案管理人员就可以开始准备档案风险管理体系的构建工作，笔者认为，可以从合理组织相关人员、主动争取财力支持、合理调配物质资源、制订风险管理方案四个方面入手。

（一）合理组织相关人员

构建档案风险管理体系要能够合理组织不同职能的相关工作人员，主要包括档案管理人员和技术管理人员。档案管理人员可以作为体系构建的主导者，组织推动体系构建的进程，协调与技术人员之间的合作关系。技术人员可以担任有关系统设计的工作，实现风险管理功能模块的设计和嵌入。

（二）主动争取财力支持

档案管理人员对于开展应急管理体系构建需要一定的财力支持以保证各项工作的正常支出。这种支出可以在递交构建申请时一并提出，也可以在获得批准后另行申请。对于财力支出的多少，应该提前做好调查工作，预估一个合理的数值，同时需要就过程中的财力情况进行记录，以便领导查阅和申请补给。

（三）合理调配物质资源

这里的物质资源包括档案数据、系统、相关存储设备、相关软件设备等获得对物质资源的访问权限有助于了解数据，系统的结构、性能和属性，对于风险的识别具有辅助作用。

（四）制订风险管理方案

人力、财力、物力是整个档案风险管理体系构建的基础部分，是制定风险管理方案的客观保障。风险管理方案是整个风险管理体系构建的核心部分，是开展风险管理环节的重要依据，风险管理方案的制定主要包括调研准备、风险识别、风险评估、风险应对、监控和反馈等环节。调研准备是就管理对象的现状背景做一个全面深入的分析，主要包括划定风险管理范围、识别数据类别和等级、确定数据质量目标、评估现有措施等内容。监控和反馈是对风险管理全过程进行跟踪，具体包括跟踪已识别的风险、监视残余风险、识别新出现的风险，然后根据监控的情况，修改风险管理方案，保证风险管理方案的实施并且评估风险减轻的效果。风险管理方案的各个环节都不是相互独立的，而是有机联系的。一个环节的改变会导致其他环节的相应内容发生变化。一个良好的风险管理方案应该具有良好的拓展性和灵活性，能够容纳新风险，调整不当的应对策略。

第三节　提升管理人员自身的素养

一、深入学习档案专业相关课程

档案工作在不同的领域具有不同的内容，社会上参与档案工作内容相关人员的知识架构也参差不齐。对于档案管理人员的聘用来源需求，可以大致分为以档案学为知识背景的人才和以其他学科为知识背景的人才。以档案学为知识背景的人才，对于档案学专业知识的获取方式主要来自学校的课程学习。这时，作为预备性档案工作者，需要深入学习档案专业的相关理论和实践课程。对于学校的课程学习，大致可分为基础课程与拓展课程。基础课程学习，即完成学校所安排的必修的档案专业相关课程；拓展课程学习则是基于自身兴趣爱好或者未来相关的职业领域所进行的选修的课程。需要注意的是，完成学校的课程并不是仅仅通过学校的考核就可以了，应该以完善自我为标准，不满足于学校安排的任务。首先，需要掌握全部有关档案的相关理论；其次，认真参与学校的实践课程，使理论与实践相结合；再次，掌握学校的各种资源，包括教师、同学、学校图书馆以及相关讲座；最后，勤读相关著作文献，开阔自己的视野，以其他学科为知识背景的人才，主要通过外部聘用和内部调岗两种方式，其知识背景大致分为档案工作经验性知识背景、与档案学相关的学科知识背景和与档案学不相关的学科知识背景。对于这类人才，因为其本身没有系统的档案学专业知识背景．即没有经过在校学习档案学，所以需要根据要求深入学习档案学课程，主要可通过统一培训、师徒经验传授和自主学习三种方式进行。在这里需要指出的是，虽然经验丰富的档案工作人员具有扎实的工作经验性知识，但其理论架构还是有缺陷的。因此，仍然需要通过学习档案学理论扎实自己的知识储备。笔者建议，应该把统一培训和自主学习结合起来，本着爱岗敬业的原则，除大众化的培训外，还需要自己寻求学习途径，比如网络课程。

二、加强职业道德建设

（一）档案管理人员职业道德相关概念

1.职业道德

所谓职业道德，是指与职业紧密相关的，具有一定职业特征的行为准则与道德规范。由此可见，不同的职业范围内有着不同的职业道德，它们之间或有相通、相近之处，但其区别也是显而易见的。职业道德就是通过规定各种职业活动的规则，规定各种职业应尽的义务，以保障各种职业活动有序进行，同时保证各种职业与社会普遍道德之间合理共存的一种规范，是调整职业生活中个人与他人关系的一种手段。因此职业道德就是道德在职业生活中的具体体现。在实践中，职业道德具有四个主要特点：第一，职业道德适用范围上的有限性。由于各种行业的职能、社会功用和义务不同，也就形成了各自不同的职业道德的具体规范。任何职业道德的适用范围都不是普遍的，而是特定的、有限的。尽管职业道德也有一些共同的要求，但是某一特定行业的职业道德大多数情况下只适用于专门从事本行业的人。第二，职业道德的内容有稳定性和连续性。因为社会分工和人的职业有其相对的稳定性，并形成相对稳定的职业心理和职业习惯，与其相适应的职业道德也就有较强的稳定性。因此，职业道德在内容上又具有连续性。第三，职业道德形式上的多样性。不同的行业都有属于自身的专门行规，千差万别的行业也就形成不同的职业道德　一般来说，有多少种不同的行业，就有多少种不同的职业道德。每种职业道德都有具体的、多样的和较大的适用性。第四，职业道德有强烈的纪律性。它既要求人们能自觉遵守，又带有一定的强制性。就是说，一方面遵守职业纪律是一种美德；另一方面职业道德又带有一定的强制性，具有法律的要求。

2. 档案人员的职业道德

（1）爱岗敬业，甘做"无名英雄"

爱岗敬业是从事任何职业都必须具备的职业道德，档案管理工作当然更是如此。这里需要强调的是，由于档案管理工作的特殊性，因此从业者一般不会获得特别丰厚的经济利益，档案管理工作是一项默默无闻的工作，甚至难免单调和乏味。因此甘做"无名英雄"便是对档案管理者的一项基本职业道德要求。

（2）牢固树立服务思想，积极做好档案的整理和提供利用工作

便于各项工作对档案的利用是档案管理的基本目的和出发点，而只有更好地整理才能便于利用。因此，应积极做好档案整理和档案提供利用工作，树立牢固的服务思想，建立良好的服务态度，是档案管理者职业道德的核心。

（3）不断加强学习

档案的内容林林总总，门类众多，其中可能涉及很多专业性的知识，并且随着社会的不断发展，档案内容的专业性会越来越强，在同一档案中可能交叉着不同专业的知识，这就要求从业者不断加强学习，才能逐渐提升业务素质，以应对日益复杂的档案管理工作。

（4）严守各项规章制度，确保档案安全

维护档案的完整与安全、最大限度地延续档案的寿命、为后人保护文化遗产是档案管理者的历史性使命。这就要求从业者要拿出百分之百的自律性严守各项规章制度。因为一旦稍有疏忽，造成的损失可能是无法估量的。

（5）充分发扬团结协作的精神

档案管理内容庞杂，不同内容的档案还需要具体问题具体对待，再加上不同的分工之间又存在相互交叉，因此，加强团结协作是做好档案管理工作的必要保障。

（二）档案管理人员职业道德的特点

1. 政治性和原则性

档案管理是一项政治性极强的工作，因此也就要求档案管理者有极强的政

治意识。而原则性是政治性的必要保证，一个没有原则性的人，也就没有所谓的政治操守，由这样的人从事档案管理工作其造成的严重后果将是无法估量的。因此，政治性和原则性是档案管理者必须具备的职业道德。

2. 稳定性和连续性

我国的档案管理工作源远流长，有着悠久的历史。早在商朝时期，档案便以甲骨文的形式被记录下来。在档案工作的发展历程中，众多档案管理者不仅为后世留下了弥足珍贵的文献资料，也为后世留下了垂范千秋、可供借鉴的职业道德规范。例如，实录精神就是在任何历史时期档案管理者都必须坚守的职业道德，这就是档案管理者职业道德的稳定性。然而，随着历史的发展与时代的变迁，不同时期、不同背景的档案管理工作也对从业者提出了不同的道德要求，而新时期、新情况所要求的职业道德规范又与历史上的职业道德规范间存在着承袭或扬弃的关系，这就是档案管理工作职业道德的连续性。

3. 纪律性和保密性

档案管理工作是一项特殊的工作，所以对从业者所需具备的职业道德有着特殊的要求。它不同于一般的道德，甚至不同于其他职业的道德。档案管理的职业道德与其他职业道德的最大区别就在于它的保密性。档案是主体活动过程的直接记录，尤其是很多特殊主体，如政府部门、研究机构等，这些记录中包含大量机密性内容，一旦发生泄露，后果不堪设想，即便那些个人主体档案也可能牵涉多方利益，如果发生泄露会使主体蒙受巨大损失。因此，保密是档案管理中一项基本的职业道德要求，也是档案管理者必须遵守的一项基本纪律。

4. 广泛性和层次性

档案管理是一项大的系统工程，它涉及多种行业，与社会生活有着方方面面的联系，这种联系必然波及各种主体的利益和矛盾。在实际的工作中，不同的档案管理者之间也会产生各种联系和矛盾。要使档案管理工作正常有序的进行，就需要调节好各种关系和矛盾。除了凭借相关的法律、制度、规章外，职业道德的调节也是必不可少的，因此，档案管理者的职业道德在调节上具有广泛性。同样因为档案管理工作的系统性，使不同的档案管理工作有不同的管理内容、管理范围和管理要求，因此，档案管理者的职业道德也就有了相应的层次性。档案室和档案馆由于服务对象和职能要求不同，特别是档案馆，有对社会开放的义务，因此对于档案馆工作人员来说，职业道德中热忱服务的要求就更为凸显，这就是档案管理者职业道德的层次性。

（三）档案管理人员职业道德建设策略

1.加强思想政治教育，夯实职业道德根基

（1）强化档案管理人员马克思主义思想教育

档案管理人员的职业道德建设需要强大的理论武器，要用马克思主义理论武装档案管理人员的思想。加强档案管理人员的职业道德教育，首先就要强化马克思主义思想教育；其次可以通过开展学习和自我学习、批评与自我批评、组织各种主题活动等方式加强对档案管理人员的理论教育和理论武装。

（2）加强档案管理人员全心全意为人民服务的宗旨引导

档案工作从其工作性质上来说是服务性的，档案管理的根本目的是要为历史信息完整保存进行服务，同时要保证档案的信息为社会需求服务和为我国的精神文明建设服务。加强档案管理人员的职业道德教育，最重要的就是加强其服务意识的引导。通过教育使档案管理人员在工作上贯彻执行爱岗敬业、诚实守信、奉献社会的服务精神。

（3）培养档案管理人员的职业纪律、职业荣誉感和职业良心

①强化档案管理人员的职业纪律

第一，认识遵守职业纪律的重要性。通过开展教育和自我教育的方式，使档案管理人员牢牢记住：职业纪律是人民利益和人民要求的直接体现，全心全意为人民服务最基本的就是要严格遵守职业纪律，树立遵守职业纪律的坚定意志和信念，自觉维护档案管理工作的职业纪律。

第二，完善从业人员的职业品质修养。优良的职业品质是保证从业者遵守职业纪律的前提，从业者具备崇高的职业品质就会在工作中自觉遵守职业纪律；反之，则必定马马虎虎、偷工减料，甚至严重违反职业纪律。因此，完善职业品质修养才能真正使从业者遵守职业纪律得到保障。

第三，提升从业人员的自我克制能力。职业纪律对从业者而言是具有强制性的，职业纪律强制性要求档案管理人员必须具备自我克制的能力，而且要不断强化和提升这种能力。只有在思想上具备自我克制的能力，才能在工作中更加严格要求自己自觉克服懈怠情绪、抵制各种诱惑，自觉抑制不好的念头或想法，也才能坚决抵制违反职业纪律情况的发生。自我克制能力在档案管理工作中十分重要，因为管理人员随着工作时间的加长和工作经验的积累，其接触的重要档案的可能性就越高，档案信息的价值也就越高，相应地，其保密级别也

就越高。如果档案管理人员自我克制能力不强，无法面对诱惑，泄露档案信息，则后果是不可想象的。

②建立档案管理人员的职业荣誉感

职业荣誉是从业者在做好自己职业范围内事情时的职业责任感及由此获得的尊敬、自尊和光荣的内心感受。树立职业荣誉感是从业者爱岗敬业的重要表现，良好的职业荣誉感有利于一个人职业道德的提升，对职业技能的学习和探索能激励其自强不息的信念。相反，职业荣誉感淡薄就会逐渐对所从事的职业失去兴趣，在自己的岗位上盲目懈怠，从而影响社会的发展。一个人即使有再高的学历，如果缺乏对工作的荣誉感，就难以做到对本职工作的热爱，更不可能获得在本职工作上的成就感。只有本着对档案管理职业的荣誉感，才能在自己的工作中有所作为，实现自己的价值，也会在自己的工作上深刻体会到幸福感和荣誉感。强化档案管理人员的荣誉意识，可以通过各种形式的宣传，赞扬职业模范，激励那些具有强烈职业责任感的优秀从业者，让更多的档案管理人员体会本职工作带来的荣誉感，更加努力的为社会主义事业贡献力量。

③培养档案管理人员的职业良心

第一，通过强化道德观念教育，培养档案管理人员的职业良心。道德观念教育是要以教育的方式强化其对职业道德的认识和对职业规范遵守，在档案工作中，要明确哪些是应该做的、哪些是不能做的，对于应该做的，要一丝不苟、兢兢业业的做好；不能做的，则坚决不能跨越雷池一步。

第二，通过情感教育培养档案管理人员的职业良心。道德情感教育就是要提升档案管理人员对工作的热爱程度。只有本着对档案管理工作发自内心的热爱、本着对其服务对象的诚信，才能具有将职业道德情感转化为职业道德行为的内驱力，才能对档案管理有高度的责任心，做出更加优异的成绩。

第三，通过强化道德意志培养职业良心。加强档案管理人员的职业意志就是要使从业者能够抗拒各种诱惑，坚持档案管理工作的要求。众所周知，档案中存有大量的孤本资料和一些涉及保密的信息，没有坚定的意志力就无法抵抗诱惑，会给国家造成难以估量的损失。

2.健全职业道德约束机制，加强正面宣传机制建设

（1）强化内部监督机制建设

内部监督机制是由相关单位内部人员组成的专门进行监督的部门，加强对

相关人员的职业素质考核，并对各工作人员的工作现状进行评价。要对档案管理人员的职业素质进行单位内考核，明确考核制度，对评分标准进行量身定制。评价的内容应该包括安全保密、管理水平、业务操作、工作作风、服务态度、服务效率、学习成效、创新成果。在评价过程中，应切实遵循客观、公平、公正的原则。

（2）强化外部监督机制建设

外部监督机制主要包括上级监督和群众监督两个方面。上级主管部门应定期（或不定期）的对档案管理人员的职业道德水平进行抽检，考查其在工作中对职业道德规范的执行情况，并进行相应的奖励和惩罚。群众监督则更为重要，应设立专门性的机构，以接纳群众意见或投诉，档案管理人员应根据群众意见对自身工作进行调整。

（3）加强正面宣传机制建设

宣传包含两个方面的内容：一是培训；二是正面积极意义的宣传。只靠单位内部即兴组织的培训，专业度不够，需要进一步加强专业培训。在这一方面，亟待加强正面宣传机制的建设，聘请专门讲师对工作人员进行专业培训，并利用各种定期与不定期的培训活动对职业道德进行宣传。加大舆论方面的监管力度，真正唤醒档案管理人员的道德和责任。在日常工作中，应加强工作人员的道德和情操培养，切实提高他们的综合素养。对档案管理工作中存在的各种问题和不良作风予以批评，使其在强大的舆论声势之下无处藏身，从而唤醒大众的社会正义和责任感。

①树立正确的道德观念，积极投身于为人民服务的行列之中

全心全意为人民服务是作为一名合格档案人员的基本素质，是对其职业道德的一种基本考验。档案人员应主动投身为人民服务的行列之中，以实际行动说话，切实提高为人民服务的主动性、积极性，密切提高与人民之间的关系。

②加强信念方面的教育，使其朝着正确的方向发展

作为一名合格的档案人员就必须坚持共产主义信念，树立正确的世界观、人生观和价值观。

第九章　图书馆档案管理软件的应用

第一节　概念及特点

一、档案管理软件的定义

要想弄清楚档案管理软件究竟是什么，我们可以先来看看国家档案局中央档案馆在 2001 年 6 月 5 日发布的《档案管理软件功能要求暂行规定》（以下简称《规定》）。《规定》明确指出：档案管理软件指的是各机关、团体、事业单位和各级各类档案馆用于对档案信息和档案实体进行辅助管理的各种类型的计算机应用软件系统。在笔者看来，档案管理软件指的是为更好的开展档案管理工作，以多个计算机程序为基础的，可以提供档案管理功能的一套自动化管理软件系统，说得深入一些，档案管理软件是基于我国档案管理工作的实际需要，根据档案管理的基本理论和规范，利用计算机技术、通信技术、信息技术，将多种应用程序、中间件、数据库等软件进行合理组合，使其拥有较强的档案管理功能的一种软件。档案信息管理系统、档案信息服务系统、档案办公系统是档案管理软件的三大组成部分：①档案信息管理系统由目录管理子系统、档案接收子系统、档案管理子系统、数字化加工子系统等系统组成；②档案信息服务系统由档案利用服务系统、档案网站系统等系统组成；③档案办公系统由承担档案工作管理的档案局、档案馆办公业务系统等系统组成。

二、档案管理软件的特点

档案管理软件是管理信息软件的一种，档案管理软件不仅拥有管理软件的基本特点，还具有其他管理软件所没有的特点。

（一）档案管理软件的基本特点

①可移植性，支持跨平台运行。

②系统高度集成。

③功能结构模块化。

④支持网络运用。

⑤效率高。

（二）档案管理软件的其他特点

1. 支持多类型的用户访问

通过系统客户端，内网和专网上的用户可以对系统数据和信息进行访问；通过浏览器，内网、专网、外网上的用户可以对系统数据和信息进行访问。

2. 配置灵活

档案管理软件系统采用了开放式接口，能够实现即插即用，这样做除了使系统具有可摘挂性外，还使其具有可扩充性。

3. 多模式设计

为了能够适应不同的工作环境，档案管理软件系统提供了两种设计模式，即 B/S（浏览器 / 服务器）和 C/S（客户端 / 服务器）。

4. 按需建构数据库

根据用户的需求，档案管理软件系统能够构建相应的数据库结构，既能够快速的访问数据，又可以统一管理数据。

5. 用户权限管理细化

除了对案卷级、文件级操作细化外，档案管理软件系统的权限还可以对数据操作和控制进行细化。

6. 跨库检索

档案管理软件系统能够提供跨库检索功能。也就是说，当不确定哪个数据库里含有自己需要的信息时，用户可以使用跨库检索功能。

7. 功能可扩展

为了满足单位档案管理工作目前的需要和未来业务扩展的需要，档案管理软件可以基于多个单位档案管理工作的不同需求，在系统里集成具有个性化的功能模块。

第二节　类型概述

一、文档一体化管理系统

基于文件生命周期理论、文件连续体理论、前端控制思想、文档一体化管理要求设计和开发的文档一体化管理系统可以实现从形成文件到文件归档的全部过程的连续性、无缝化管理。政府机关、事业单位和大型企业是文档一体化管理系统的忠实用户，这套系统可以帮助它们实现高效率文件运转和高质量档案管理。文档一体化管理系统中的文件无论处在哪个阶段，都会交由系统来完成。文件在产生之时，文档一体化管理系统就会给文件编号，从形成文件到文件归档的全部过程中系统会自动分类文件并立卷（虚拟卷号），同时对文件进行编号、检索、著录、标引。文件管理和档案管理之间的物理界限在文档一体化管理系统应用之后被彻底打破，二者的使用形成了一个连贯、统一的过程。人们不仅可以充分地使用形成于文件处理过程中的数据信息，还整合了文件处理流程。文件管理和档案管理结合起到了简化文件处理的作用，使文件归档的标准化水平得以提升，同时为档案部门立卷减少了很大的工作量。

二、人事档案管理系统

人事档案由于其特殊性，对人事档案管理的所有环节国家都有着严格的要求，因此人事档案有着完整的管理模式和管理制度。那么什么是人事档案管理系统呢？基于信息管理在内的多种技术，结合人事档案管理工作要求开发的集人事档案收集、整理、保管、鉴定、统计和提供利用等功能为一体的管理人事档案的软件系统就是人事档案管理系统。人事档案管理系统能够提高企事业单位的人力资源利用率，不断优化人才结构和人才质量，使企事业单位的人事工作健康、有序的发展。就目前的情况来看，办公自动化的普及率逐年增加，大部分的企省业单位都会在 OA（办公自动化）系统中嵌入人事档案管理系统，档案员可以便捷的开展人事档案管理和利用工作。但是，人事档案有其特殊性，因此要注意管理过程中的安全工作和保密工作。稳定性和安全性是人事档案管理系统需要加强的两个方面，这样才可以保证人事档案的完整性、安全性、保密性。

三、会计档案管理系统

在认识会计档案管理系统之前，我们先来介绍一下什么是会计档案。会计档案指的是在经济活动中会计主体形成具有保存价值的会计核算专业资料。作为企事业单位的重要档案，会计档案同时也是国家档案的一个重要的组成部分。近年来，伴随着会计制度改革进一步深入，以及会计电算化在企事业单位普遍实施，基于计算机、存储介质的数据与文件（电子化会计档案），充斥着日常的会计工作，信息化普及使大部分会计主体乐于使用专业化会计档案管理软件对会计档案进行管理。那么什么是会计档案管理软件呢？结合国家档案局最新颁布的行业标准，依托计算机软件技术，管理会计主体在经济活动中产生的会计档案的软件系统。会计档案管理软件的使用能够大幅度的减少档案员和财务人员的工作量，不仅节省了人力成本，还提高了工作效率，将会计资料和会计档案进行了有效连接。会计档案管理软件是一种比较先进的管理工具，能够提高会计主体工作质量，使会计工作向现代化和规范化方向发展。

四、科技档案管理系统

国家机构、企事业单位、社会组织、个人在基建、科研、生产、管理活动中形成有保存价值的需要归档保存的科技文件材料就是科技档案。专业性、种类和类型多样性、成套性是科技档案的三大特点。在介绍了科技档案的概念后，我们来看一下什么是科技档案管理。科技档案管理指的是管理科技档案实体以及开发利用档案信息资源的工作。档案员可以借助计算机系统完成诸如科技人员信息管理、科研项目统计、文献收录、科研成果、学术会议、科研经费统计等一系列工作流程。针对上述工作需要，人们开发出了科技档案管理系统。科技档案管理系统可以提高办公自动化和办事效率，减轻档案员和利用人员的工作量，提高工作准确性、便捷性，进而对科技档案信息资源开发和利用起到促进作用。除了购买市场上已经开发出来的科技档案管理系统外，对于科研能力较强、有大量科技档案需要管理的单位来说，可以通过自主研发或者同软件公司合作，开发出一款为本单位自身设计的科技档案管理系统。

五、医疗档案管理系统

随着信息化建设在医疗机构的快速普及，医疗档案的作用越来越凸显。医疗档案既是对医疗机构发展历程的记载，又是对百姓在就医过程中形成的各种检查报告和影像资料的记录。无论是医院的经营管理、医疗服务质量评价、疾病预防和控制、临床医学，还是医保、保险理赔、医疗纠纷、法律案件等领域都涉及医疗档案。因此，构建现代化的医疗档案管理系统意义重大。病案查询、病案归档、病案流通管理、医疗数据统计是医疗档案管理系统应该具备的四大基本功能。此外，对于文件管理、医疗机构研发、人力资源、设备与财务管理等模块也包含在医疗档案管理系统中。可以这么说，医疗档案管理系统可以为病患和医生提供在线远程诊疗，病患通过互联网将个人的病历传给医生，而医生则通过病历为患者进行诊治，既节省了病患等待时间，又提高了医生诊疗效率，同时还规范了医院的医疗管理。医疗档案管理系统有以下功能：归档管理、查询与统计、签收管理、复印管理、借阅管理、封存管理、病案激活管理、病案示踪管理。

第三节　问题分析

一、在档案馆应用中存在的问题

通常情况下，档案馆的档案信息资源管理平台应该包括以下功能：多类型档案管理、海量数据存储、档案查询、信息发布、档案信息公开、网上利用。笔者对目前档案馆普遍使用的几种档案管理系统效果进行调研，发现"DRAMS"系列的档案管理软件、"ES-OAIS"数字档案管理软件、紫光档案、"光典"网络版等在应用的过程中有以下几个问题。

①进行全文检索需要很长的时间，系统很容易瘫痪。分析原因可能是数据库存储的数据太大了，当然也与软件的设计有关。

②系统开发利用功能比较简单。分析原因是长期以来"重藏轻用"的理念已经深入档案管理人员的思想意识当中，且工作量比较大。

③同管辖范围内的全部移交单位无法经由系统接口进行数据连接。分析原因是软件在设计模式、数据格式、存储结构上存在不规范的地方。

④数据的存储缺乏安全性和有效性保障。分析原因是没有处理好硬件配置和数据存储技术之间的关系。

⑤工作人员的素质影响了软件的应用效果。分析原因是个别档案管理人员没有计算机专业背景，当软件出现一些问题时，他们无法处理或修复，因此降低了档案管理系统软件的工作效率。

二、在高等院校应用中存在的问题

笔者在对部分高等院校的档案管理人员进行调查过程中发现，大部分的档案管理人员都能够熟练的操作一款档案管理软件，对界面都很适应，对软件本身也很满意。此外，由于高等院校对规范操作档案管理软件有着较高的要求，并且有专业的技术人员定期对档案管理软件进行升级，因此档案管理软件无论在功能上还是在性能上都可以满足用户的工作需求。一些科研水平较高的高等院校甚至对档案管理软件的功能做出了进一步划分。在如此高的要求下，档案管理软件应用暴露出以下几个问题。

①全文检索会导致系统的稳定性出现问题。

②批量挂接功能中没有提供足够的链接标识符，没有将学生成绩单等个别特殊档案的链接标识符识别问题考虑进来，从而对挂接功能的实现产生影响。

③在执行某些功能的时候，经常会在出现毫无缘由的错误。例如，在对某项内容进行统计时，报表统计功能无法显示统计的结果。

④软件自身设计、程序编写存在缺陷。

⑤目录著录项设置只是从管理者的角度出发，没有把利用者不熟悉档案著录规则的情况考虑进去。如果查档人或者利用者对发文字号、文件题名、关键词等著录项不知情，那么将会让检索变得更加困难。

三、在企业应用中存在的问题

笔者在对一些企业进行调查的过程中发现，有的企业是通过购买软件公司研发的档案管理软件，有的企业则是根据自身的需求自主研发档案管理软件。

在满足工作需要以及后续维护上，企业购买的商业软件和自主研发的软件有着很大的不同。由于自主研发软件的开发人员来自企业内部，他们都比较熟悉企业的业务流程，在设计和开发软件的过程中可以随时与档案员进行面对面沟通，针对具体的工作流程和工作目标开发出相应的功能，从企业的实际角度出发，最大限度地满足企业对档案管理软件的要求。在软件进入测试阶段时，对于一些缺陷和问题还会进行调整，后期维护成本更少，也更及时，能够针对一些问题进行改进或升级，同时，自主研发的档案管理软件系统在挂接全文与目录时的标识符是文件生成时的 IP 地址，这一点要比常见的商业软件更为先进。在笔者调查的企业中，软件技术人员和档案员都表示，他们自主研发的档案管理系统不仅可以从企业的网络办公系统登录，也可以从企业的网页登录，档案管理软件的功能比较完善，能够实现精细化档案管理。大多数企业在使用档案管理软件的过程中经常会遇到以下三个问题。

①访问用户过多时就会造成系统瘫痪。

②系统维护起来很不方便，售后服务比较差。

③软件现有的功能并不能很好地满足企业实际工作的需要。

第四节　改进策略

一、软件功能和软件性能

（一）软件功能

从目前的情况来看，功能比较好的档案管理软件拥有以下几项功能：档案数据管理、目录检索查询、全文检索、报表统计打印、在线借阅管理、系统设置与维护、档案信息发布、档案数字化加工。此外，它们还可以帮助档案管理人员进行档案实体管理，并且根据实际工作的需要拓展出更多的功能。可以说，这些档案管理软件基本上满足了档案管理工作的需要。从笔者的角度来看，档案管理软件还应该在口前的水平上史上一个台阶，以满足精细化管理档案的要求和用户的高级需求。

1. 软件的质量需要软件开发公司采取必要的措施给予保证

软件开发公司要确保软件在使用的过程中能够达到当初预先设计好的功能效果。把软件的出错率和功能的不执行率降到最低，各项功能都能够正常运行，而不是设计蓝图规划的有多么好，到实际应用时却无法正常使用。

2. 用户和软件开发公司需要必要沟通

在购买档案管理软件之前，用户需要与软件开发公司就软件需求进行沟通。由于每个用户的实际情况不同，软件开发公司需要为他们量身定制功能模块。这里我们需要注意的是，并不是功能模块越多的软件就越好。如果一味求多，系统就会变得很臃肿，而硬件和网络等配套又无法跟上，那么预期的软件功能就不可能实现。这既影响了软件的应用效果，又浪费了资源和资金。

3. 档案管理软件发展的基础是用户需求

当前档案管理软件的技术水平是完全能够满足用户需求的。用户只要敢想，档案管理软件就基本能够做到。但是，有的用户对功能的需求只顾眼前，缺乏专业视角。没有足够的需求，软件开发人员便没有足够的动力去发展档案管理软件的功能。需求是档案管理软件的指导方向，软件开发人员要进一步细化软件功能，使其能够得到不断完善和提升。在提高工作效率的同时，逐渐实现档案管理的自动化。档案管理软件的应用应该朝着把档案管理工作人员从烦琐的基础管理工作中解放出来的方向发展，从而完善档案信息资源开发和提供利用。

（二）软件性能

除了开发语言、程序编写、系统结构设计、数据库设计等对档案管理软件的性能会产生影响外，系统运行的网络环境（网速）、服务器、并发用户数量和其他硬件设备也会对档案管理软件的性能产生影响。我们可以从以下三个方面来提升档案管理软件的性能。

1. 只有软件开发公司拥有比较高的软件开发水平，才能够保证软件的功能在技术上不会出现问题。

软件开发公司应该使用先进的开发工具和开发语言，将先进的信息技术、数据库技术、网络技术完美的融合起来，运用具有良好稳定性的系统架构，从源头保障档案管理软件在性能上是稳定的，并能高效的运行。

2. 软硬件资金投入不断增加

用户在选购服务器、计算机、存储设备、网络设备这类硬件时，一定要选择性能高的；在选购档案管理软件时，一定要选择安装质量高、性能好的。这样才能够从硬件和软件两个方面提高系统的整体性能。

3.提升档案管理人员的业务素养和专业技能

软件开发公司应该不定期的对用户的档案管理人员进行软件操作方面的培训，从而降低系统因用户的错误操作而产生的风险。

二、软件设计

由于软件开发公司在对软件进行设计时就存在不合理性，加之程序编写也存在错误的地方，所以档案管理软件在应用的过程中就出现了这样或那样的问题。因此，我们要从源头抓起，做好软件设计和开发工作，从而更好的解决问题。

①在进行软件设计的时候，软件开发公司一定要明确软件的设计目标，然后以这个设计目标为导向对软件的物理结构和逻辑结构进行设计。无论是软件的大体框架，还是每个功能模块及其子模块，甚至是插件，在设计的过程中软件开发公司都要与用户进行细致沟通，明确用户的实际需求，通过对设计思路和设计架构不断进行调整与改进，从而完善软件的设计架构。

②用户的个性化需求是软件开发公司在研发设计时必须要考虑的问题，使软件具有良好的适应性和可扩展性，有利于软件的再开发。这也是档案管理软件提升竞争力的重要手段之一。

③新旧系统的过渡也是需要软件开发公司考虑的问题。例如，转换和导入原有数据，像OA、ERP（企业资源计划系统）这样和原系统相连接的其他系统。

④研发设计不仅要满足用户目前的需求，还要将信息技术发展趋势考虑进去，要有前瞻性。软件开发公司一定要做到与相关软件的同步开发，这样才可以保证在相当长的一段时期内同它们集成，省去维护过程中的再开发。

⑤不同的用户对于档案的管理和档案的种类有着不同的要求，因此软件开发公司要根据实际需要多设计一些标识符。

三、软件设计标准

对档案管理软件设计的标准化要求可以提高软件的生产效率和软件的可靠性，有利于提高软件开发人员的通信效率、降低错误发生的概率，以便管理软件。

科学、系统的软件设计标准能够规范我国档案管理软件的研发设计，有利于促进整个行业健康、有序的发展。从目前的情况来看，有关档案管理软件的国家和行业标准比较多。它们的关注点都集中在电子文件的管理上对于档案管理软件研发缺乏针对性，都是通过电子文件的标准化管理间接地推动档案管理软件的标准化建设。基于此，笔者与广大读者分享了一下自己的认识。

①相关部门能否建立一套可操作性强、全国统一的档案管理软件设计和开发的标准，建立健全软件功能和性能的测评机制，对软件开发行为进行规范，帮助需要档案管理软件的用户挑选出适合自身企业需求的好软件。

②从国家层面制定电子文件管理的标准，对专用名词术语进行统一，减少阻碍档案信息化建设的因素，比如著录项、系统接口、统计报表、数据格式、数据存储结构。与此同时，避免重复开发造成的资源浪费现象。

③要采取相应的措施以保证各单位的档案管理工作按照已颁布的档案管理标准执行，这样档案管理软件便会按照标准开发设计。

四、软件管理制度

档案管理软件产业的规范和快速发展需要完善的制度体系作为保障。发布于 2001 年 6 月 5 日的《档案管理软件功能要求暂行规定》（以下简称《规定》）用于规范档案管理软件开发研制、安装使用，发布于 2013 年 7 月的《档案信息系统安全等级保护定级工作指南》用于指导档案信息系统安全等级保护的定级工作。以上两个文件是我国档案管理软件的规范性文件。

五、基于 RFID（无线射频识别）的档案管理系统

（一）需求分析与系统设计

1. 需求分析

（1）业务需求分析

a. 需要密闭的存储方式

由于安保级别较高，所以档案的存储方式是密闭式的，只有拥有权限的人才能取出档案。

b. 严格控制档案借阅

控制借阅人员，即在系统中登记的人员才能借阅档案。如果未经过借阅流程，私自借出档案，系统将会报警。

c. 同时管理档案盒和档案袋

档案保存在档案盒和档案袋中的情况都有，系统要实现同时管理档案盒和档案袋的能力。

（2）功能需求分析

针对业务需求对明确的和潜在的功能需求进行了分析，主要包括：

a. 多档案柜管理

由于档案柜的存储空间一般较小，需要实现多档案柜的管理。

b. 上柜管理

上柜管理实际就是档案入库。除了提供手工录入信息的方式外，还需要提供快速入库的方式，以加快上柜的速度。

c. 人员管理

由于要实现系统中登记过的人员才能借阅档案，所以需要有人员实行管理功能，同样使用 RFID 标签管理人员。

d. 借阅管理

提供借阅管理功能实现档案的借阅和归还，提供借阅记录和归还记录查询功能。为了提高借阅效率，需要提供快速定位档案储位的功能。

e. 档案盘点

提供档案盘点功能，并能对错位、错柜、与借阅记录不符的情况进行提示。

f. 在位情况统计

以图形化的方式显示档案的在位统计数据。

g. 设备状态监控

为了保证系统安全有效地运行，出现故障及时解决，需要提供设备状态监控的功能。

以上功能需求可以划分为系统维护需求和档案借阅需求。档案管理人员需要进行系统维护的工作包括新增档案柜信息、新增档案信息、新增人员信息、档案盘点、查看档案在位情况、查看设备状态。

2. 系统设计

（1）系统网络拓扑结构

针对需求分析的情况，采用保密级别较高的档案柜用于存储档案，RFID设备集成到档案柜中。RFID档案管理系统主要由档案管理终端和档案柜构成二档案管理终端和档案柜之间通过网络连接，可同时管理多个档案柜。系统网络拓扑结构如下：档案管理终端通过串口或 USB 口连接到一体机、射频打印机和桌面读写器，实现档案录入和借还。档案柜集成 4 通道读写器、1W 读写器、门禁控制器和传感器，实现档案袋管理、档案盒管理和安全管理。4 通道读写器通过功分器控制 4 层的天线模组；1W 读写器通过切换模组控制天线模组。当挂接多个档案柜时，系统通过给门禁控制器分配 ID 号以区分不同的档案柜。

（2）系统功能架构

RFID 档案管理系统由数据采集和数据处理模块、档案管理模块和数据库三部分组成，数据采集和数据处理模块包括档案袋在位数据采集、档案盒在位数据采集、档案借还数据采集、借阅人员数据采集和安全管理数据采集五个子模块，档案管理模块由六大功能模块组成，分别为基础管理、储位管理、借还管理、实时监控、全部盘点和档案查询。其中，储位管理、全部盘点、在位监控、设备监控子模块通过调用动态库获取 4 通道读写器、1W 读写器和门禁控制器的数据及下发指令；基础管理、借还管理和档案查询用于实现档案借还、数据设置和查询。数据采集模块通过 RFID 设备获取档案信息和人员信息，通过 485 通信模块获取震动传感器状态、柜门状态等安全信息，上报给档案管理模块。档案管理模块将录入的数据或数据采集模块上报的数据存储到数据库中。

3. 档案管理模块

a. 功能模块组成

档案管理模块由 6 大功能模块组成，通过 6 大功能模块下的 11 个子功能模块实现基础数据设置、档案储位信息设置、档案借阅归还，档案监控盘点查询等功能。

b. 档案管理流程

基于 RFID 的档案管理系统涉及的主要流程有 5 个。

第一步：档案归集

档案入库前，需要对档案进行归集，主要是对档案贴标签，对档案所属档案柜和所属层进行规划。

第二步：档案入库

档案入库将档案标签号、档案所属档案柜和所属层的信息写入系统数据库。

第三步：档案借还

档案保存的最大目的是有效利用，因此档案借阅管理和归还管理是档案管理必不可少的功能。

第四步：档案盘点

档案管理需要定期盘点，以检查档案和储位对应信息是否相符，对不符的档案进行调整。

第五步：档案储位调整

随着管理方式改变，可能需要改变档案存储位置，因此提供快速调整档案储位的方法可以有效提高档案管理的工作效率。

（二）数据采集和数据处理模块实现

1. 档案袋在位数据采集

档案袋在位数据采集使用 4 通道读写器和天线实现。档案柜每层安装 1 组天线，4 通道读写器有 4 路输出，分别接到档案柜 4 层天线组。在实物档案柜中，读写器安装在档案柜底部的抽屉中，天线安装在每层的托盘上。接收到的档案管理模块查询档案袋在位信息指令后，4 通道读写器解析指令中对应的档案柜层数，向对应的天线组发送控制指令，控制天线组中的天线同时工作，循环进行标签检测，同一条线组循环 6 次可完成该层的所有档案袋的标签检测。在检测过程中，4 通道读写器缓存所有的标签信息在完成检测后，4 通道读写器将所有的标签信息返回给 4 通道读写器动态库，由动态库传递给档案管理模块，档案管理模块根据接收到的标签信息调取系统中档案袋的相关信息，经过对比分析后将档案袋的在位信息展现到界面上。

2. 档案盒在位数据采集

档案盒在位数据采集使用 1W 读写器和天线板模组方式实现。考虑档案盒和档案袋混合管理的模式，为了在档案盒和档案袋混合管理时能方便地区分档案袋和档案盒，档案盒的天线实现方式不再采取和档案袋一样的方式，而是采取天线板模组的方式，天线板模组固定在档案柜每层的底板上靠近外侧的位置，天线板模组上每个天线的尺寸与档案盒的厚度一致，保证对档案盒的准确定位。

接收到档案管理模块查询档案盒在位信息指令后，1W 读写器解析指令中对应档案柜的层数，向对应的天线板模组发送检测标签指令，天线板模组控制天线完成该层所有档案盒的标签检测。标签检测过程中，1W 读写器缓存所有的标签信息，标签检测完成后，1W 读写器将所有的标签信息返回给 1W 读写器动态库，由动态库传递给档案管理模块。档案管理模块接收到档案盒的标签信息后，调取系统中档案盒的相关信息，经过对比分析后将档案盒的在位信息显示到界面上。在档案袋和档案盒混合管理模式下，档案袋被装在档案盒中，需要档案袋数据采集模块和档案盒数据采集模块交替工作配合完成标签检测：4 通道读写器和 1W 读写器通过各自的动态库将标签检测信息传递给档案管理模块，档案管理模块需要调取档案袋和档案盒的信息，经过综合对比和分析后将档案袋和档案盒的在位信息显示到界面上。

3. 档案借还数据采集

档案借还数据采集主要使用一体机实现，一体机是将 RFID 读写器和天线集成到一起的读写设备。一体机通过 USB 接口连接到档案管理系统，接收到档案管理系统借阅或归还指令后，一体机检测放置其上的档案标签，将检测结果返回给动态库，由动态库传递给档案管理系统，档案管理系统根据档案标签信息在数据库中实现档案借阅或归还标记。

4. 借阅人员数据采集

借阅人员数据采集包括人员发卡和人员借阅档案时的信息获取，都是通过桌面读写器实现的。当借阅人员发卡时，桌面读写器检测到标签信息，通过动态库返回给档案管理系统，档案管理系统将标签信息与人员绑定。当有人员借阅档案时，桌面读写器检测到标签信息，通过动态库返回给档案管理系统，档案管理系统根据标签信息调取绑定的人员信息，关联档案借阅信息。

5. 安全管理数据采集

安全管理模块主要是实现采集震动传感器、柜门状态等信息，在系统中用门禁控制器实现。门禁控制器获取到震动传感器、柜门状态等信息，通过门禁控制器动态库传递给档案管理系统，档案管理系统经过分析判断，在界面上显示状态信息或报警信息。

6. 数据处理

（1）档案标签数据处理

a.RFID 读写设备对档案标签数据处理

本系统中的 RFID 读写设备包括 4 通道读写器、1W 读写器、一体机、桌面读写器。这些设备在读取到标签数据后保存到缓存区中，等待动态库软件读取信息指令，接收到指令后，将缓存区中的标签数据打包返回给动态库软件。一体机只涉及少数档案借阅，桌面读写器只涉及人员发卡和借阅人员的信息读取，因此一体机和桌面读写器处理的标签数据相对较少。4 通道读写器和 1W 读写器都需要对档案柜中的档案标签数据进行处理，数据量相对较大。档案盒厚度按照 5cm 计算，每层可以放置 12 个档案盒，4 层共放置 48 个档案盒。档案袋厚度按照 2mm 计算，每层可以放置 250 个档案袋，4 层共放置 1000 个档案袋。4 通道读写器处理的标签数据远大于 1W 读写器。4 通道读写器接收到档案袋检测指令后，执行标签检测，将检测结果保存在缓存区中，标签缓存区最大支持 400 张标签的容量，即 $400 \times 8 = 3200$（Byte）。4 通道读写器在上报标签数据时，如果上报数据过多，则会导致通信时间过长，经过综合评估，按单次最大 $150 \times 8 = 1200$（Byte）上报。

b. 动态库软件对档案标签数据处理

系统中使用动态库软件实现底层设备和上层管理软件的数据传递。底层设备主要包括 4 通道读写器、1W 读写器、一体机、桌面读写器。动态库软件发送命令读取 4 通道读写器缓存、1W 读写器缓存、一体机缓存、桌面读写器缓存，接收到以上这些设备返回的数据后，动态库软件按照通信协议进行指令解析。动态库软件为 4 通道读写器、1W 读写器、一体机、桌面读写器分别开辟缓存区，解析后的数据分别存入对应设备开辟的缓存区中。数据全部接收完毕后，动态库软件等待档案管理模块获取标签信息指令，收到指令后，将缓存区中的数据打包传递给档案管理模块。

c. 档案管理系统对档案标签数据处理

档案管理系统接收到动态库返回的数据后，按照通信协议进行解析，解析出的标签数据交给不同的软件模块进行相应处理。

（2）标签数据和档案储位的关联数据处理

首先，添加档案信息时将档案标签放到一体机上逐一读取标签数据，添加档案时将标签数据和档案储位数据进行关联；其次，先添加档案信息但空缺储位信息，将标签贴好，档案袋装入档案盒中，将档案盒放到一体机上通过整盒管理功能，将档案袋和档案盒的标签数据和储位数据进行关联；最后，先添加档案信息但空缺储位信息，将标签贴好，所有的档案袋和档案盒按照预先设计好的储位放到档案柜中，通过整柜管理功能，将档案袋和档案盒的标签数据和储位数据进行关联。

当档案入库时，将读取标签数据与填写的档案信息或与数据库中读取的档案信息进行对比。标签数据一致的，将储位信息修改为目前检测到的档案柜及层数，存入数据库中，此储位数据为档案袋或档案盒原始的储位信息。后续如需调整档案袋或档案盒的储位信息，仍然可以通过整盒管理或整柜管理功能进行调整。档案盘点是将检测到的标签数据和原始的储位信息对应的标签数据做对比，从而找出不在位或目前储位和原始储位不一致的档案。当检测到的标签数据和数据库中保存的原始储位信息的标签数据一致时，说明档案在位且储位没有发生变化；当检测到的标签数据和数据库中保存的原始储位信息的标签数据不一致时，说明储位发生变化，档案管理系统将在界面上展现出档案存储位置的前后变化；当未检测到数据库中保存的原始储位信息标签数据时，说明档案不在位。档案借阅和档案归还是标签数据和档案状态的关联处理，档案状态包括"在库"和"借出"两种，当档案借阅时，将检测到的标签数据对应的档案状态修改为"借出"状态并保存到数据库中；当档案归还时，将检测到的标签数据对应的档案状态修改为"在库"状态并保存到数据库中。

（3）安全管理的数据处理

安全管理的数据处理包括底层设备获取震动传感器、柜门状态数据、动态库软件处理安全数据、管理系统处理安全数据。门禁控制器检测震动传感器、柜门开关状态，将检测到的状态上报给动态库软件，动态库软件为门禁控制器开辟缓存区，数据接收完毕后，将安全状态数据上报给档案管理系统，档案管理系统解析指令后，将数据交给设备监控模块处理。

第十章 图书馆档案管理模式创新策略

第一节 强化档案资源集聚

档案资源是开展档案工作的基础，是档案部门的立身之本，也是实现档案事业可持续发展的关键。加强档案资源建设是丰富档案资源、完善馆藏结构、服务党和政府工作大局、服务经济社会发展，服务广大人民群众的根本途径。大数据时代，每天每时每刻都有大量的结构化数据、半结构化数据、非结构化数据产生，档案资源的收集范围更广，参与档案资源建设的除了传统的档案部门，社会群体和个人也可以成为搜集档案资源的主人，搜集来的档案资源可以存储在档案馆、数据中心甚至云端。

一、拓宽档案资源类别

从纸质档案到档案信息化再到大数据时代，档案资源一直呈指数级飙升，档案资源的种类也发生了从纸质到电子，从结构化到半结构化、非结构化转变。随着时代的轮转，档案搜集的类别范围也因为档案载体不一、结构各异而发生了改变。

纸质等传统档案仍是档案收集的重点。我国早在 1985 年就开始了办公自动化探索征程，党的十七大倡导建设"资源节约型、环境友好型"两型社会，近年来政府部门又掀起无纸化办公、无纸化考试等热潮，这些举措都为节约资源、保护环境做出了巨大的贡献。档案管理部门虽然早已迈入办公自动化的大门，但是对于档案资源来说，纸质档案仍然是档案部门收集的重点，在档案馆藏数量中仍占主要地位。一方面是受传统的影响，目前所知世界上最早的纸质文献是 1986 年在甘肃天水放马滩一座文景时期（公元前 179~公元前 150 年）

的汉墓中出土的西汉初期的纸质地图残片。纸质档案是整个社会历史的记录，中华民族上下五千年的文化和历史都留在了纸上。另一方面，受习惯思维的影响，大部分人在学习、办公时还是倾向于阅读纸质文档，对于档案来说，纸质档案给人真实性、可信赖度更高的感觉。在信息化社会，纸质档案越来越少，但是它承载的社会记忆和显现的价值意义不会因为数量的减少而褪色和降低，即使在大数据时代或者以后更远的未来，档案收集也不能忽视了纸质档案等传统档案这个大群体的存在。结构化、非结构化、半结构化电子档案成为档案收集的主流。电子档案是信息化时代的产物，生成于数字化设备环境中，存储于电脑、磁盘、光盘等载体里，依赖计算机等数字设备阅读、处理，可在网络上传送。大数据时代，档案资源观正从传统狭隘的定义向"大档案观"转变，档案部门在进行馆藏纸质档案数字化、接收档案文件电子化的同时，要有意识地收集更多类别广、形式多，价值大的数据资源。网络的发展产生了更多更复杂的数据种类，包括结构化数据、非结构化数据和半结构化数据。结构化数据如数字、符号、关系型数据库等，非结构化数据如文本、图片、表格、图像、声音、影视，超媒体等，半结构化数据如 E-mail、HTML 文档等，都是大数据时代档案收集的主要对象。很多人会疑惑，这些零散化、碎片化、底层化的信息有没有收集的价值，世界著名高科技公司苹果公司给了我们答案。2014 年 7 月 11 日上午 9 点，中央电视台新闻频道报道苹果公司 IOS 系统会记录用户行踪，即使关掉定位也没用，定位功能可以显示手机用户经常活动的地点、时间、频率，并完整地分析人的移动行为轨迹，而绝大部分手机用户对这个功能并不知晓，苹果公司也曾解释定位信息收集问题，声称从未跟踪手机用户位置，但没人知道他们收集这些零碎信息背后的真正用意是什么。

二、完善档案资源建设

大数据时代，无论任何机构、社会组织和个人，都无法置身于数据之外，不同群体拥有不同的数据，他们的数据互不连通，档案部门可以将多元化、社会化的数据尽收囊中，但人少力薄是当前档案部门的现实状况，单靠一己之力不可能完成档案资源全面收集的重任，因此和不同数据拥有者的合作就显得非常必要，档案资源体系建设不仅要成为档案部门的职责所在，档案部门将通过自主管理、协商合作等方式把责任向社会转移，认可和鼓励各类社会组织及个人参与到档案资源的建设中来，完善档案资源的建设主体，达到借助社会力量优化档案资源的目的。

（一）档案部门要善于与档案形成者合作

首先，我国各级各类党和政府机构、企事业单位等是国有档案资源的形成者，他们在日常工作事务中不断地产生文件材料，这些文件材料处理完毕后要进行整理归档，档案部门的主要职责也是为党和政府机构、企事业单位管理档案事务，他们要按照规定及时向档案馆移交档案。因此，对档案部门来说，对党和政府机构、企事业单位的档案的收集相对比较容易。其次，越来越多的家庭、个人意识到档案的重要性，纷纷开始建立家庭档案、个人档案，他们是私人所有档案的形成者。家庭和个人建档既记载了家庭和个人的历史，又折射了社会的变迁。虽然每个家庭的档案数量不多，但其在社会上的总和也是一笔巨大的档案资源，档案部门要积极与社会家庭和个人建立合作关系，收集更多更宝贵的"社会记忆"。此外，国家还要求领导干部建立领导干部个人档案、廉政档案，社会名人可以建立名人档案等等，他们组成了档案资源形成的特殊群体。

（二）档案部门要善于与档案整理者合作

大数据时代，档案部门要学会利用社会力量和网络力量来完成档案资源的整理工作。国家规范并支持社会力量参与档案事务，允许政府可以通过合同、委托等方式向社会购买档案服务，政府以外包的方式将档案工作交给业务能力高度专业化的档案中介机构、专业机构。档案中介机构合法合规地参与档案事务服务，帮助档案部门规范档案资源整理工作。档案部门还可以利用网络人力资源，通过众包模式集聚档案资源。众包模式是指把本应由公司内部员工执行的工作任务，以自由自愿的形式外包给非特定的大众网络的做法模式，美国加州伯克利大学一个复杂的分布式计算项目的成功运算就是利用网络众包模式典型案例，这个项目成功调动了世界各地无数个人电脑的闲置计算能力。众包是一种一对多关系，比外包一对一关系更方便、快捷、高效的模式，既可以有效利用闲置资源又能轻松解决工作难题，档案部门可以采用众包模式收集档案资源，开启更多人的智慧，集中更多的资源，充分调动起隐藏在网民中的信息资源，将需要采集的自身又难以完成的档案收集任务众包给不特定的大众，通过网民的智慧实现档案资源的集中。沈阳市家庭档案研究会主办的"家庭档案网"就是一个趋向众包模式的档案网站，主要是通过网络渠道收集家庭、个人、名人的各类档案信息，网站工作人员再将这些零散无序的信息分类整合，以专题专栏的形式呈现出来。

（三）档案部门要善于与档案利用者合作

档案利用者虽然不直接产生档案资源，但是他们利用档案的行为及结果所留下的痕迹成就了一部分档案资源体系的建设。大数据时代，档案利用者通过网络进行的档案查询、检索、咨询等一系列行为，都称为信息记录，档案工作者可以从用户的利用轨迹中发现新的信息点，找到信息与用户之间的相关关系，或是用户需要的或是用户感兴趣的，通过信息点去收集与之相关的内容。大数据时代，档案部门不用再去理会信息的因果关系，要关注是什么而不是为什么。网络电商就是通过记忆客户浏览过的商品，找到商品与客户之间的关系，再搜索商品与商品之间的关系，客户的网页就会显示"热销品""同类""猜你喜欢的"之类的信息推送服务。

（四）档案部门要善于与档案保存者合作

档案保存者是档案资源的最终归属者，拥有最集中的档案资源的大数据时代，存储在档案馆、档案室的档案资源和互联网公司、数据分析公司拥有的数据资源总量相比，简直九牛一毛。互联网的发展带来了无穷无尽的数据，数据的泛滥和混乱催生出数据分析公司来开发利用数据，所以说到底，数据分析公司拥有最多、最大的数据。中国电商大亨马云就提出要为政府网站的信息提供云存储服务，为国家保存档案，一方面，马云的公司团队有着高水平的大数据处理人才和技术，从数据的采集、处理到存储都能提供一套流程完整的服务，更重要的是马云的公司保存着大、多、全的社会信息资源，这意味着政府必须从他那买单。

三、改变档案资源采集方式

积极开展接收和征集工作是传统的档案资源采集方式，档案部门以丰富馆藏为口标，依法做好到期应进馆档案接收工作。大数据时代，档案资源的采集不能光是坐等人来，网络资源的实时变化、档案形成者的大众化都需要档案部门改变档案资源采集方式，收集到数量更多和质量更好的档案资源。

（一）网络资源的主动抓取

对于网络资源要通过主动抓取的方式进行采集归档。网络资源数量多、更新快，重要信息和垃圾信息都是一闪而过，而且垃圾信息占大多数，一旦错过重要信息就会被海量信息淹没，再要找回得花费大力气。网民对重要信息也缺乏归档意识，对于有用的信息不知道该怎么保存，该交给谁保存。档案部门就要适时担起自己的职责，改变被动收集档案资源的方式，变身数据捕手，实时监控网络动态信息，采取主动出击策略选择重要网络资源归档，完成网络资源的主动抓取任务。同时档案部门要引导并培养网民重要信息归档意识，争取从网民手中获取更有价值的档案资源。

（二）用户实时推送归档

形成档案的用户，过去是依法定期按时归档，且大多是针对党政机关部门而言的，要求次年六月以前完成前一年的档案归档工作。在大数据时代，党政机关部门不再需要全年度工作完全处理完毕后文件材料才一齐归档，通过档案管理内部平台系统就可以将当下办理完毕的文件材料及时推送到平台，档案室的档案员接到推送消息后随时就可以依据文件的机构和问题等内容对其进行分类预档保存，确认这类型档案不再产生新的文件材料加入进来，对之前的预归档文件整理完毕后就完成了档案的最终归档保存工作。形成档案的家庭和个人，也可以通过档案部门开通的网站平台渠道或是档案专门网站实时推送自己想要归档保存的档案，交由档案部门代为保管。这种实时推送归档的档案采集方式不仅能降低文件材料因日积月累存放而丢失的风险，而且对于档案员和档案部门来说，实时的归档分散了上作任务，化解了集中归档时间紧任务重的难题，归档质量也能得到充分保证。

四、科学整合档案资源

大数据时代，档案信息化步伐加快，档案管理趋向结构化、系统化，档案部门要学会应用新一代信息技术及相关工具和方法，稳步开展档案数字化和电子档案接收工作，进一步提高档案资源优化整合能力。

（一）继续推进"存量数字化、增量电子化"战略

档案部门一是要以"存量数字化"的要求极力推进传统载体档案数字化，尤其是对纸质档案要加快数字化进程，查阅时用数字化档案代替原件利用，保护并尽量延长纸质档案寿命；二是要以"增量电子化"为任务对归档、接收进馆档案要求全面实行原生电子文件形式，新形成的电子文件及时归档保存并按

时接收进档案馆保护。大数据时代，档案部门要严格要求党政机关单位对归档文件实施电子化管理，从源头上保证数字档案信息的真实、完整、可用；接收档案以电子化版本为主，在范围上档案部门要多注重民生电子形式档案的接收；在种类上多收集多媒体、数据库、网页等形式的档案资源。在加强电子档案接收管理方面，国家将制定一批实用性高操作性强的文件，如《电子档案准确性、完整性、可用性、安全性检测规范》《海量电子文件数据存储指南》《企业电子文件归档和电子档案管理指引》等，这些文件着重考虑网络信息的归档管理工作，党政机关等单位的门户网站、政务微博、政务微信等新兴发布平台的信息归档工作将逐步提上日程，成为档案部门一项新任务新挑战。

（二）优化资源结构

档案资源的底层化、碎片化，各种档案资源散落在互不连通的数据库中，成为一座座"信息孤岛"，如何连通这些孤立的数据库，将分散的档案资源集中起来，实现档案资源的优化整合，发挥出档案资源最大价值，是大数据时代档案管理的一个重要挑战。档案部门没有能力对所有的档案资源兼容并包，需要和不同的群体合作，一是档案部门系统内部之间的互联，二是与文化馆、图书馆等相关学科之间的互助，三是和网络商和数据开发公司的互通，最重要的是档案部门要与社会进行资源、技术、人才方面的交流合作，搜集更多的资源、运用更强的技术、借助更专业的人才实现档案资源的最优化。同时，档案部门还可以利用云计算技术，借助互联网的计算方式，将全国的档案资源进行整合，形成"中国档案云"，完成档案资源的优化整合，充分发挥档案资源的集聚效应。

第二节　创新档案服务内容

数据本身是没有价值的，其要通过数据提供服务才具有真正的价值，数据即服务。档案资源若是只存放在档案馆不拿来用，就如同一堆废物，保存再多也没有意义。如何从档案资源中挖掘出价值，盘活档案资源，将昏昏沉睡的死档案变成源源不断的活资源，就需要档案部门加速档案资源开放进程、改变档案资源服务方式、构建基于档案资源价值存在的知识服务体系。

一、加快档案资源开放

大数据时代，档案部门一方面面临着与社会散落的档案资源进行激烈争夺的局势，另一方面随着《政府信息公开条例》的实施，国家积极稳妥地推进政府信息公开工作，依法保障公民、法人和其他社会组织获取政府信息的权利，这种权利的开放使得公民对信息的知情权要求更高，他们希望获得更多更有效的信息，档案资源加速流动与开放成为必然结果。档案部门对档案资源的开发应遵循"公开为原则，不公开为例外"的原则，及时公开超过保管期限的秘密档案，尽量做到"应开尽开，保障秘密档案的安全"。例如，美国 NARA（国家档案与文件署）出台的《开放政府计划》，通过公民档案员项目、数字化战略、在线公共利用检索系统，社交媒体参与等举措，扩大档案开放力度提高公众参与水平。

档案资源开放，不仅有利于推进政府信息公开制度的实施，优化办事流程提升工作效率，保障公民对信息的知情权、参与权与表达权，更重要的是档案资源在全社会自由流动开来后，从守旧封闭到创新开放，为社会奉献了丰富多彩、足量多金的信息，有助于跨越档案部门和其他政府部门之间的"信息鸿沟，助力城市记忆工程和智慧城市的建设。

二、创新服务理念

大数据时代，档案资源要实现物尽其用，就要对其内容深度挖掘，打造档案资源知识库，档案利用者也会因自身知识水平的提高对档案服务提出更多的要求，关注他们新的需求，对传统的档案利用服务理念和途径作出调整，用新思维和新方法，开辟档案利用服务新高度。面对档案利用者的诸多需求，档案部门要努力完善四种服务理念。

1.人性化服务

人性化服务就是在档案服务中体现"以人为本"思想，不能有官老爷心态，以用户第一为原则，给用户提供平等获取信息的权利，服务过程中表现良好的服务态度，把自己当作服务生，面对用户要热心、耐心、细心、专心，尤其是基层档案部门经常要服务一些农民老百姓，对他们的利用诉求要认真倾听，服务要热情周到。

2. 个性化服务

个性化服务是档案部门对档案利用者需求提供精确性匹配的服务。大数据时代信息受众分类更加明确，用户的利用需求发生改变，追求个性化服务，享受不受时空限制客户方便快捷获取所需，档案部门要对用户的利用需求、行为，方式等细节进行收集、追踪和分析，预测出他们需要的内容，以参考、定制等方式推送给用户。

3. 智能化服务

智能化服务是档案服务的最高技术水平。大数据时代更注重技术的运用，档案服务技术水平也要提高，档案部门要有智能化的档案数据处理系统，能够快速完成数据分析任务，智能抓取有效信息，提供便捷服务通道，这不仅有助于档案部门发现隐性知识，还有利于其从档案服务向知识服务跨越，实现档案知识的顺畅流通与广泛传播。

4. 知识化服务

知识化服务是一种基于网络环境下的开放式的服务，是档案服务发展的趋势和方向。档案知识化服务应以知识管理理念为指导，以档案资源为核心，以大数据技术为支点，以档案知识挖掘为重点，以档案知识应用和知识创新为目标来构建档案知识服务体系，完成知识提供与检索、知识整合与加工、知识共享与交流的一体化服务。

三、拓展服务途径

网络的发展改变了信息传播的方式，丰富了信息传播的渠道，档案服务借阅、咨询，展览等传统途径将得到调整，档案服务途径多样化、网络化。应用各种新兴媒体，发挥网络远程功能，基于云计算、云存储的云服务手段将成为大数据时代档案服务新战场。

（一）微服务

微服务主要是指以微博、微信等新媒体为载体即时传播信息的服务形式。微博即一句话博客，是一个基于用户关系信息分享、传播、交流以及获取的社交网络平台，主要涉及信息发布、网络营销、政府管理以及个人交流等方面，是中国网民上网的主要社交网络平台之一。

微信是一个为智能终端提供即时通信服务的免费应用程序，通过网络快速发送短信、语音、视频、图片和文字，微信公众平台的订阅号和服务号就是为微信用户提供公共信息、咨询和服务的平台。

档案部门或档案学人通过开通微博、微信可以传达档案信息和传送服务项目，向社会公众提供方便快捷的档案服务，拉近档案与大众的距离拓宽档案信息服务的范围，提高档案信息服务的效率，还可以交流互动、共享信息、加强协作，为社会提供更好的档案服务。通过对档案微博、微信的搜索，开通档案服务账号的用户基本分为机构、企业、期刊，个人四类，其中较有特色和影响力的档案微博有"抚顺档案""武汉市档案局""南京档案""上海大学档案馆""胡鸿杰""寒似冰淡如水"等等，档案微信公众号有"厦门档案""浙江省档案馆""青岛档案""贵阳档案"等等。

（二）远程服务

远程服务指利用通信手段实现不同地域之间的实时人工服务方式。

远程服务具有方便快捷、节约成本、服务对象没有地域限制、服务可集中化管理的特点和优势，非常适合大数据时代的网络档案服务。档案信息远程服务以数字化的信息资源为基础，依靠科学技术，通过网站、电子邮件或实时交互的形式，向用户提供远距离档案信息咨询和服务。档案部门要在加强档案资源建设的同时，加快采用信息技术，充分利用网络优势，建设好覆盖广、内容全、检索快的档案远程利用服务平台。"江苏省档案远程教育平台"就是由江苏省档案局、江苏省档案馆主办的以档案教育教学为主的档案远程教育服务平台，目前提供了15门的网上档案岗位培训课程和16门的网上档案继续教育课程，还有与课堂相对应的在线考试和证书打印等多种服务项目，帮助档案人员提高档案素质，也为有档案知识需求的社会公众提供了更多的学习机会。

（三）云服务

云服务指通过网络以按需、易扩展的方式获得所需服务，它是一种基于互联网的相关服务的增加、使用和交付模式，涉及通过互联网来提供动态易扩展且经常是虚拟化的资源。

档案云服务是以云计算技术为基础，以云存储资源为保障，将分散的档案信息通过云平台组织构建起来形成服务云，借助这些云平台强大的计算能力和低成本、高安全性等特性来提高国家档案信息资源共享效率的一种档案信息资源服务模式。国家档案局开展的"中国档案云"项目就是致力于打造国家级开放的档案信息资源共享利用系统，它以云技术云存储为依托，覆盖全国各级各类档案馆，为社会公众提供开放档案信息查询利用服务的。业化平台，将成为互联网用户访问全国开放档案资源的统一门户，提供一站式全方位服务。

第三节　加强三位一体防护

安全责任重于泰山。档案资源安全是档案管理工作的重中之重，其关系到党和国家及人民群众的根本利益。大数据时代，社会环境和网络环境对档案资源安全的威胁日趋严重，为消除潜在风险保障档案资源安全，档案部门要建立起"物防、人防、技防"三位一体的档案安全保密防护体系。

一、加强物理防护

物理防护是档案安全的基础性保证。档案建筑是承载档案的载体，是守护档案安全的第一道屏障。档案部门在加快档案馆建设时要把建筑的安全摆在首位，改善入馆档案的保管保护条件。

（一）推进各级国家综合档案馆安全建设

国家综合档案馆是统一保管党和政府机关档案的部门，是永久保管档案的基地。各级国家综合档案馆依法集中接收管理本级党政机关、企事业单位、社会组织的档案和政府公报等政府公开信息，是国家宝藏的储存场所，档案馆建筑安全的重要性不言而喻。因此，档案馆的建设要遵循科学选址、标准设计的原则，在设计之前要对选址进行安全评估，避开自然灾害多发的危险地段，如地震带、洪涝多发区、山区等。建筑的质量是保障档案安全的另一个重要方面，档案馆要依照《档案馆建设标准》和《档案馆建筑设计规范》等规范楼堂馆所建筑建设文件，把档案馆建设成质量可靠、面积达标、设施完善、功能齐全、安全保密、服务便捷、节能环保的现代化档案保管基地，为档案筑起"安全巢"，不让每一份档案无藏身之所，不让每一份档案身处危险之地，切实消除"无库馆""危房馆"现象。

（二）改善档案保管保护条件

档案保管保护条件的改善是档案长久保存、长期可用的比要因素。档案保管保护条件主要指档案保管硬件设施的安全，改造或新建、扩建的档案馆，要严格按照规范和标准建设，采用先进的安全技术、设备和材料，档案库房安装视频监控、自动报警、自动灭火、温湿度自控系统，达到档案馆安全测评标准，提高档案库房安全防灾等级，定时对档案保管保护专用设施设备进行维护和更新，定期对档案进行检查，及时发现并排除隐患，让每一份档案都有安全的栖息地。

二、采用人防战略

人防战略是档案安全的重要盾牌。从信息化时代到大数据时代，科学技术的发展促进了档案管理工作的进步，也对档案工作者提出了更高的要求，档案安全与否就在档案人的一念之间。在外行人看来档案工作轻松简单谁都能做，而"一入档门深似海"才是档案人的真实写照，档案工作者要用责任和行动捍卫档案的安全。

（一）完善档案安全责任到人制度

安全管理主要是控制风险降低损失，档案安全管理制度能够有效预防、及时处理和妥善解决档案工作中的突发事件，维护档案工作正常秩序。首先，档案部门要健全档案安全责任制，单位一把手握兵权掌控全局，对档案安全全权负总责，责任细分到各科室各人头上，尤其是要对信息化科室严加要求，形成"档案安全人人有责"的氛围；其次，档案部门要健全档案安全应急管理制度，档案应急管理是档案安全管理的第一大步，事关档案安危存亡，档案部门要严阵以待，成立档案安全领导小组，领导全体档案工作者对档案工作八大环节的每一个环节可能存在的安全风险和可能出现的安全纰漏进行大胆预测、小心分析、深入研究，从而得出结论，形成与工作环节相对应的档案安全应急管理制度以指导工作。最后，在大数据时代，需要重点加强对档案信息的安全管理，制定档案机密信息保护制度、档案信息安全审计制度、档案信息全共享制度等，从制度上防范档案安全风险。

（二）建设档案大数据人才专业队伍

一是专业知识素养。档案管理是一项专业性和实践性很强的工作，大数据时代要聘任有真才实学的档案学专业学科背景的人才，他们要有扎实的档案理论基础知识和过硬的档案业务实践能力，懂管理精业务，能打开档案事业发展的格局，带领档案事业向前发展。新时代对档案人才的综合素质要求更高，不能只专其一，需要通过教育培训和自学不断提升工作能力，学习跨学科领域的综合知识，如计算机知识、互联网知识、大数据知识、产权保护知识等等。二是重人重岗重责。档案部门要安排高度认真负责的人员从事档案工作重要岗位，各单位档案室要安排在编人员从事档案工作，一方面是他们对档案更加专业、对工作更加敬业，另一方面是防止因人员流动发生档案失泄密事件。

（三）变身"数据科学家"

大数据时代到来创造了新的工作机会，提供了大量新的工作岗位，但拥有数据分析技能的专业人员严重短缺，造成供需严重失衡的现象。从目前看来，档案部门想要在大数据战斗中招揽到数据分析人才机会渺茫，需要自寻门路。因此档案工作者要紧跟时代潮流，勇于自我蜕变，努力从"一把锁服务员"向"数据科学家"进阶，提升综合技能，具备对数据的提取与综合能力、统计分析能力、数据洞察与信息挖掘能力、开发软件能力、网络编程能力、数据的可视化表示能力六种能力，为档案工作赢得一片天。

三、强化技术防御

技术防御是档案安全的关键手段。档案部门要借助大数据时代的信息技术优势，建立档案信息管理系统安全保密防护体系和实行重要档案异地异质备份保存来维护档案安全。

（一）建立档案信息系统安全保密防护体系

对接收进馆的电子档案进行严格审查，检验电子档案的存储载体及内容，从源头上把关；严格检验电子档案的存储的应用系统、计算机、网络等软件设备的安全等级，确保电子档案长期存储的安全系数；加快档案数字化工作，有能力的单位最好自己独自完成档案数字化工作，没条件的单位可以借助社会力量的参与，但严格审查档案数字化外包管理中介资质，选择合法、规范、可信度高的外包公司，做好服务外包工作的安全检查，并对数字化工作的全过程进行视频监控，杜绝外包单位盗取档案信息；对上网共享档案进行严格审查，依据国家秘密的信息系统分级保护要求，严防文件、档案在传输过程中丢失泄密，保护档案用户个人隐私不被侵害。

（二）建设档案大数据存储备份中心

档案数据库的开发使用大大节约了档案库房的容量，提高了档案管理利用的效率，但单位数据库的存储容量毕竟有限，大数据时代档案部门面对巨量档案资源的存储问题，必须走改变存储方式来提高效率节约成本的道路。大数据技术拥有强大的数据处理和存储能力来实现档案资源存储备份管理。根据建设规划，泮西大数据产业园将实现数据的规模化集中吞吐、深层次整合分析、多领域社会应用、高效益持续增值，成为国家政务资源后台处理与备份中心、国家级大数据处理中心以及国内最大的信息资源聚集服务区，已有中国联通、中国移动、中国电信以及全国人口数据处理灯备份中心等项目陆续入园。档案部门要想对档案资源进行全面掌控，可以考虑在大数据产业园区建立一个档案资源备份中心，既能保证档案资源的安全，又能将档案资源集中起来管理、开发和服务利用。

（三）重要档案异地异质备份保管

档案安全主要受到主客观因素的威胁，从主观上说档案制成材料质量易随时间环境而弱化，如纸质档案存放越久越容易纸张脆化、字迹模糊，电子、光盘、硬盘档案等特殊载体保存年限尚不明晰，客观上多发的自然灾害和人的行为也在威胁档案的安全，因此重要档案处于水深火热之中。为保证档案的安全存储和长期可读，需要定时检查、实时备份以降低安全隐患。汶川特大地震中，北川档案馆 2 万多卷档案因为没有异地异质备份而永久地消失了，是档案部门没有做好备份工作的惨痛教训。异地异质备份是大数据时代档案安全和真实得到双重保障的防护手段，异地备份是相对于保管地点而言的，异质备份是相对于保管载体而言的，都是档案免遭破坏而丢失的一种保障。国家档案局推行的电子档案容灾备份体系、电子档案容灾备份中心、馆际间跨区域互建档案备份库的建设就是从技术上、管理上切实保护档案安全的有效举措。例如云南省的147 个档案馆全部建立重要档案异地异质备份制度，北京市也建立了本地、同城、异地备份体系。档案部门要对党政机关、企事业单位、社会组织、家庭个人的重要档案实行异地备份保管，对重要的电子档案实行异地异质备份保管，有条件的可以将二者有机结合，尽可能采取多个场所、多种载体的备份形式，保证国家记忆不出现断层。

第四节　强化行政能力

档案行政管理根据国家各项建设事业的需要，对全国的档案工作进行统筹规划、组织协调、统一制度、监督指导的活动，是国家整个行政工作的重要组成部分。我国档案行政管理实行的"局馆合一"模式虽然精简了机构，但使档案行政管理一直都呈现出事务性较强、行政性较弱的状态，与其他党政机构相比，显得"人微言轻"。档案行政管理体制的优劣与档案事业发展成败紧密相连。大数据时代的到来，我国又正处在全面深化行政体制改革推进国家治理现代化阶段，为档案行政管理体制机制的变革和完善提供了契机，档案行政管理机构要切实转变行政职能、强化行政执法水平、提高业务指导水平、加强与机构之间的合作，建设好为民务实高效的档案行政管理体系。

一、转变行政职能

档案行政管理一直是档案部门的弱势，行政能力不强工作开展就比较被动，社会地位也凸显不出来。有人说档案行政管理基本上处于"想到哪就管到哪二事实上是哪也没管到，哪也管不住"的状态。大数据时代，档案部门必须正确认知局与馆各自的职能范围，要善于借助社会力量逐步放开服务"大包揽"方式，切实转变行政职能，提高行政管理能力。

（一）明确档案局、馆性质

党的十四大确定了全国机构改革的目标是"转变职能、理顺关系、精兵简政、提高效率"，在此形势下，档案部门实行"局馆合一"的机构改革，这个体制自 1993 年沿用至今。"局馆合一"从表面上看是撤销了一个机构，实现了精简机构的目的，但其使本来简单的机构复杂化，导致档案局、馆体制混乱，局馆性质不明、职能不清。其实无论什么样的组织单位，首先就要明确性质，明确所担负的职责职能，工作才能顺利开展、有序进行。大数据时代，档案部门需要理顺档案管理体制，改变局与馆性质、职能混乱无序的现状，各级档案行政管理部门的职责是依法统一监督指导本行政区域内党政机关和其他事业单位的档案工作，各级国家综合档案馆的职责是依法集中管理本级党政机关和其他单位的档案，档案局的行政事务和档案馆的管理事务要严格区别开来，确保分工明确、各司其职，挺起档案行政职能的腰，树立起档案行政管理的威严。

（二）借助社会力量改变服务方式

档案部性质明确了，档案局主行政、档案馆主管理的职责就分明了，不能再紧紧抓住档案整理服务"大包干"不放。档案部门主管行政与管理去了，档案整理服务就需要寻求新力量的加入，社会中介力量乘势而起。社会力量参与档案事务是市场经济发展的必然趋势，档案部门要顺应时代发展和自我职能转变需求，积极引导社会力量参与档案服务工作，要把社会力量参与档案事务活动作为档案事业发展的重要补充形式，发挥档案学会、档案学术交流机构这些社会组织的协同作用，积极扶持与档案有关的咨询服务业、信息开发业、软件行业、网络公司以及档案用品制造业、档案文化教育服务业的发展；档案部门要规范并支持档案中介机构、专业机构参与档案事务活动，帮助开展社会宣传和服务，增强档案中介服务知名度和影响力，通过他们的专业档案整理团队达到既完成了档案整理工作，又能在督查管理档案工作中提高档案行政的权威性的目的。

二、提升行政执法水平

行政执法能力是衡量档案行政管理部门行政权威的重要指标，也是检验档案法律法规效力的重要表现。大数据时代，档案部门要从法律制度、法制队伍、执法力度三个方面来提升执法能力，强化执法水平，提高执法地位。

1. 完善法律制度

《中华人民共和国档案法》是开展档案工作的依据和准则，是档案领域的"宪法"，让档案管理有法可依。随着经济社会的发展，档案法也存在与档案工作新形势新任务新要求不相适应的问题，需要对原有的内容进行及时修订和完善，比如确定档案人的权利与义务。电子档案大幅增长，电子档案如何规范归档与妥善管理的法律法规却没能及时出台，留有许多空白，档案部门没有法律依据就无法对党政机关和社会组织等产生的电子档案进行有效的执法监督。因此档案部门要想在档案执法检查中掌握主动权、话语权，就要提高法制意识，尽快制定并出台规范电子档案管理的法律法规，比如网络信息归档选择依据，海量电子文件数据的存储，电子档案异质异地备份操作等，让档案部门对电子档案依法行政可以有法可依。

2. 加强法制队伍建设

党和政府部门要为档案行政管理部门依法履行档案行政执法职能提供条件，提高其执法监督指导能力，人大、纪委、法制办等法力强势部门要为档案行政执法出谋划策，成立联合督查小组，提高档案执法效力。档案执法人才是档案执法的关键，档案部门一般都不具备懂法律的专业人才，这是大数据时代档案部门"以法治档"的执法困境。为完善科学依法决策，提高行政执法效能，推进档案法治建设，档案部门可以借用法律外援支持，采取聘用法律顾问的方式来加强档案法制队伍人才建设。法律顾问法律专业知识强，可以为档案部门制定或修改档案法律法规提供专业意见，依法行政提供法律参谋，规范和监督行政执法活动，维护档案部门执法权益。

3. 加大执法力度

档案行政管理部门要加强对档案工作的监督检查，对各类违反《中华人民共和国档案法》的行为，特别是将应归档文件据为己有或拒绝归档的，或造成档案损毁、丢失的行为，要依法追究有关单位和人员的责任。《档案管理违法违纪行为处分规定》就是专门针对档案管理中出现的违法违纪行为制定的处分规定，有档案管理违法违纪行为的单位，其负有责任的领导人员和直接责任人员，以及有档案管理违法违纪行为的个人，应当承担纪律责任。《档案管理违法违纪行为处分规定》的出台，一是对原有的处分规定细化，补充新的违法违纪种类，是我国多年来依法治档实践经验的总结；二是对相关档案管理违法违纪责任主体应当承担的法律责任和量纪标准作了具体明确的规定；三是建立了档案管理违法违纪案件查办协作配合机制。这是档案法律法规又上新台阶的重要成果，为大数据时代档案部门行政执法能力的强化提供了新的依法行政依据。

三、提高业务指导水平

档案业务指导工作始终是档案部门一个比要的职能，体现的是档案部门的专业水准。档案业务指导水平的提高有赖于档案工作者的行动力与专业度，搞好业务指导不仅能展现档案部门的工作能力，还能改变社会对档案部门的刻板印象，提高档案部门的社会地位。

1. 加强业务分类指导

一是要加强对新单位建档工作的指导。"政企、政事分开"改革后，许多企事业单位脱离了原来的行政机关，成立了新的机构、企事业单位和社会组织，政府对它们干预的减少从而使它们游离于档案部门的管理之外，建档工作也迟迟没有提上工作口程，档案部门要加强对新单位的关注，加强对新单位建档工作的指导，使新单位能够意识到建档工作的重要性，及时明确档案工作任务，做好档案工作的分工，加强档案员的工作责任意识和业务能力，悉心指导建档工作的每一个环节，提高独立完成档案业务工作的水平。二是要加强对家庭档案、个人档案等新类型档案的指导。家庭档案和个人档案属于非国有档案，在过去没有引起国家和档案部门的足够重视，成为散落在社会的遗珠。大数据时代，个人的信息越来越多，也变得越来越重要，国家大力提倡家庭建档、个人建档，档案部门设立宣传点，开展大走访，深入每家每户帮助家庭建档，从档案收集的范围、类型、内容到整理的方法一一悉心指导，家庭建档、个人建档开始受到社会公众的关注进而逐渐兴盛起来，这类档案业务公众的开展既有效规范了散落的信息，又为国家积累了·笔非常可观的社会档案财富。

2.档案部门业务指导水平的提高还有赖于专业人才的任用和培养

档案部门人才队伍中，只有极少数是档案专业科班出身的，大多数人只懂行政管理，极其缺乏能够完成档案业务指导工作的人才。档案部门要根据实际工作需要科学合理调整档案部门人员编制，提高档案专业人才在档案部门人才队伍中的比例，充实档案部门业务指导队伍，优化档案部门业务指导能力；档案部门要建立科学的引才育才机制，可以通过与高校联合培养定制人才，也可以在考试录用中以专业作为限制门槛，或者支持鼓励在职人员继续深造学习接受档案专业知识的系统教育，积极发挥档案院校等培训学院的作用，创新培训内容，改进培训方式，努力造就一支业务精的高素质档案业务指导队伍。对于党政机关、企事业单位、社会团体的档案员，不能由身兼数职的其他工作人员担任，必须要求专人专岗专职，完善档案从业人员持证上岗制度，考试合格方能发放档案从业人员资格证，非档案从业人员一律不得从事档案工作岗位，严格档案专业技术职称评审，晋升职称人员必须达到相应的晋升条件方能申请。大数据时代，档案部门要依照办理程序和条件，严格职称等级评审，净化档案业务工作队伍，提高档案从业人员专业化水平。

四、加强与社会的合作

大数据时代，档案部门不再适合单打独斗、孤军奋战、守着档案库房打转转，档案数量的增多、档案需求的改变、档案服务的扩展、档案信息技术的应用，使得档案在慢慢褪去神秘的外衣，档案与社会、公众之间的鸿沟渐渐缩短。事实表明，档案部门只有加强与社会组织的交流合作才能与时代同步，赢得先机，谋得发展。

（一）加强与档案形成者的合作

大数据时代档案部门要想赢得更多的档案资源，就要加强与档案形成者的合作。档案的形成者不再局限于党政机关、企事业单位和社会团体的档案室，家庭和个人成为散落于社会最大的档案形成群体，他们记录的是家庭琐碎事，构造的是社会变迁图。档案部门一是要帮助家庭和个人完善建档工作，二是要大力征集征收家庭档案和个人档案，从中发掘出更多更有价值的档案。

（二）加强与档案利用者的合作

档案利用者是档案部门的服务对象，满足利用者需求是档案部门最大的工作成就。大数据时代，档案部门不能只关注利用者单一的利用需求，要学会透过需求挖掘档案隐性知识，透过需求提供预测服务，透过需求编研出更多的档案文化精品，为社会公众谋福利。

（三）加强与档案中介服务机构的合作

大数据时代，档案中介服务机构既是档案部门监督管理的对象，又是档案部门最重要的合作伙伴。档案部门一方面要严格审查档案中介服务机构资质，监督管理档案中介服务机构备案情况、执业人员素质和服务质量水平等；另一方面，档案部门要放宽服务权限，支持鼓励档案中介服务机构利用专门的知识和技能为单位提供档案服务，通过监管下合作的方式来维护自身的行政和执法能力。

（四）加强与网络服务商、数据公司的合作

大数据时代，档案部门不能再是老一套的管理档案方法，电子档案的收集、档案数字化都需要档案部门加强与网络服务商、数据开发公司等信息行业的合作。互联网给档案部门带来大量资源既是福利也是负担，数量大、种类多的资源充实了档案资源库，但如何从海量的资源中筛选出有价值的信息作为档案保存是档案部门忧思的难题，档案部门与网络服务商的沟通与合作就成为必要选择，借助网络服务商的帮助，从信息源头剔除垃圾信息、保留有用信息供档案部门收集，从而大大提高档案的质量。这些收集来的电子档案和库存档案数字化产生的电子档案的管理工作远远超出了档案部门的工作能力范围，档案部门要积极主动与数据开发公司合作，通过公司专业人才、专业技术、专业软件的帮助协同完成对电子档案的管理。

第十一章 图书馆档案管理科学利用实务

第一节 档案资源的可行利用

一、档案资源利用的方式与途径

数量庞大的档案，通常是根据其自然形成的体系进行整理和存放的，而档案的使用者则有着不同的、特定的利用需求。为了满足利用者不同的需求，各种方式有效地提供档案和有关资料，建立起档案的检索系统，以方便使用者迅速、快捷地查找到档案。开展档案利用的方式和途径有很多，主要的有以下几种：

（一）开设阅览室，直接提供档案原件或复制件借阅

通过开设阅览室，直接提供档案原件或复制件借阅。这种方法，在企业被广泛使用。

阅览室是联系档案的保管者和利用者的纽带，是档案工作发挥作用的主渠道，是社会各界了解和认识档案事业的窗口。一般要做好以下几个方面的工作：阅览室的设置需兼顾优质服务和严格管理两个方面。阅览室要求明亮、宽敞、安静、舒适、清洁和方便。一般应有服务台、阅览桌和存物处等设施。阅览桌以无抽屉为宜，以便于管理人员必要的监护。为方便利用，相关工作人员还应准备一些工具书以及与所藏档案密切相关的参考材料。

1. 建立必要的规章制度，以维护阅览室秩序和档案的安全。阅览室开放制度内容包括：阅览室接待对象、档案材料的阅览范围、批准权限和入室手续、档案索取和归还手续以及利用者应爱护档案的若干具体规定等。

2. 为方便科技人员迅速地大量查阅，在某些企业、事业单位，我们可以有

条件地实行内部开架阅览。

开架阅览的基本做法是：第一，可供阅览的是科技档案副本；第二，开架的科技档案是非密的或密级较低的；第三，提供专门的开架阅览场所；第四，编写开架部分科技档案的检索目录，注明存放位置，并在每个阅览架上编制"科技档案检索图表"；第五，有资格进入开架阅览室的是本单位内部的有关人员。

（二）档案外借

档案外借是指按照一定的制度和手续，将档案携出档案馆或档案室阅览、使用。

档案馆档案一般不借出馆外使用，在个别情况下，为照顾某些工作岗位的特殊需要或必须用档案原件证等特殊需要，才可以将档案暂时借出馆外。在机关和企业内部，尤其是企业，档案携出档案室使用，到科研、生产一线现场相对多些。但特别珍贵和易损的档案，是禁止借出的。

为了便于掌握档案流动情况和安全检查，档案被借出时，工作人员应作借出记录，可以填制"代理卡"放在档案原来存放位置上，借出的档案归还后将代理卡撤出。

（三）制发档案复制本

根据档案原件制发各种复制本，是开展档案利用工作的一种重要方式，又称"复制供应"。其包括内供复制和外供复制。外供复制又是实现科技档案有偿交流的一个途径。

档案复制本分为副本和摘录两种。复制方法主要有复印、手抄、打字、印刷和摄影等。

这种方式有较多的优点，既可以提高档案利用率，缓和供需矛盾，又便于保护档案原件。这种方式也有一些缺点：第一，利用者查阅档案，总想看到原件，尤其用作凭证时，一般的档案复制本往往不令人满意。第二，由于现代复印技术的快速发展，尤其是静电复印机的广泛应用，有可能使复制本失控，造成多处多份复制、随意公布档案的事情发生，不利于档案保密和维护技术产权等方面的权益。为此，档案工作者必须对档案复制本制发范围和批准权限作严格管理规定。单位秘书在有关事务中要切实负起责任。

在企业档案部门中，有一种与复制供应密切相关利用服务方式，称为"技术市场交流"。它是指企业档案部门将企业的科技成果档案制成复制品后，推向市场，参与技术贸易，为企业创造更多的经济利益。这种方式能够给企业带来一定的经济效益，对科技成果的时效性要求较高，在为技术信息市场化服务的过程中，应注意保护企业技术秘密。

（四）出具档案证明

档案证明是档案保管单位向申请询问、核查某种事实在所藏档案中有关记载为利用者出具的书面证明材料。

在社会生活中，有些机关、企事业单位或个人，为处理和解决问题往往需要档案部门提供证明材料。例如，公安、司法、检察部门在审理案件过程中需要证明材料；个人在确认工龄、学历、职称方面需要证明材料等。

出具档案证明，档案人员只有在利用者正式申请下才能进行，而且对申请的审查和证明的拟写，都必须认真对待。申请书应写明要求出具证明的目的以及所查证问题的发生地点、时间和经过。档案证明一般应根据档案的正本或可靠的副本来拟写。在没有正本或副本的情况下，也可利用草稿（草案）。不论根据什么材料，申请人都应注明其出处。出具档案证明时，档案工作人员不能妄加评论和结论，只能对有关材料进行客观的、如实的叙述或摘录，尤其对所要证明的问题起关键性作用的内容应做到原件的字、句、甚至标点完全吻合。证明填写好后，必须加盖公章，这样拟写的档案证明才能生效。

（五）提供咨询服务

咨询服务形式是档案人员以档案为依据，以自己所掌握的业务知识和专业技术知识为基础，对查询者提出的问题进行解答，或指导利用者获得有关某一方面档案的线索。档案人员会接触到各种情况的咨询业务，有一般性咨询，也有专门性咨询；有事实性咨询，也有知识性咨询；有专题研究性咨询，也有情报性咨询。

（六）印发目录

印发目录方式多用于科技档案的利用服务工作。它是将档案目录印制分发到有关部门的工作。其包括内部印发（向内部各机构和下底单位印发）和外部交流两种。其目的是交流情况，互通信息。

（七）举办档案展览

档案展览，是根据某种需要，按照一定主题，系统地陈列档案材料。这是通过展示和介绍有关档案的内容和成分而提供利用的一种服务方式。

档案展览的作用突出地表现在两个方面：

1.有利于宣传档案意义和提高社会档案意识

参展的档案材料一般是经过精心挑选的，容易给观众留下深刻的印象，进而引起人们对档案和档案工作的进一步重视，增强档案意识。

2.有利于广泛发挥档案的作用

举办档案展览本身就是一种提供利用的方式，而且这种形式能在一定时期、一定范围内能够满足较多观众的参观要求，服务面广泛。这种形式会使档案的宣传教育作用得到充分发挥，能达到其他任何形式都达不到的广泛、深刻、生动的效果。

举办档案展览，要注意突出其思想性、科学性、业务性和艺术性。为使其达到满意的效果，首先要选好展览主题，然后精心选取和组织材料。档案馆根据自身的条件，可在馆内设长期的展览厅（室）；也可配合当地各种工作和有关的活动，酌情举办各种类型的档案展览会，如历史档案展览会、革命历史档案展览会、各种纪念活动等；或配合机关工作，举办各种小型的展览会，如工作或生产成果展、科研成就展等。其次，要对入选档案合理分类，编写前言、各部分标题、提要和介绍。围绕主题挑选档案，是组织展览过程中最重要的一环。档案展览内容的思想性、科学性和展出的效果如何，往往取决于展出档案的内容和种类，布展时要选择最有价值和最有意义的材料，特别是选择能正确反映历史事件、提示事物本质的材料，此外，举办者还必须注意档案的保护和保密工作，对于机密档案，要严格按照事先确定的范围组织参观。展出的档案一般都用复制品，必须展出原件时，应采用透明装置保护措施，以防止档案的遗失和损坏。

二、档案资源利用的内容、意义与规定

（一）档案利用工作的内容

档案利用工作，是指采用多种有效的方式直接提供档案及其信息加工材料，及时、准确地满足用户对本单位档案的利用需求的工作。从严格意义上讲，档案利用工作又可以区分为"提供档案利用"和"利用档案"这两个既有密切联系又相对区别的概念。

  "提供档案利用"针对档案管理者而言，是指档案管理部门和人员以所藏档案信息资源作为基础，通过一定的方式和途径，直接提供档案，为前来了解查询问题的利用者提供服务的工作；"利用档案"针对利用者而言，是指利用者以阅览、复制、摘录等形式使用档案的活动。善于利用档案馆、档案室的档案，是现代秘书人员的基本功。

  档案利用工作的内容主要是：熟悉本单位档案资源的内容成分，了解单位的业务活动及业务流程，掌握用户对档案信息的需求，通过咨询和接待等服务工作，把经筛选鉴别、加工整序、编目汇纂出来的档案信息提供给用户，满足其利用需要。

（二）开展档案利用工作的意义

1.档案利用工作是档案工作的根本任务

  档案事业的发展离不开社会对档案的利用，我们做档案工作不是空头地理论工作，而是要把它付诸行动，应用于实践，为国家和社会的各项工作服务。各机关、企事业单位设置档案室和专职工作人员，其目的就是利用档案为国家服务。由此可见，档案利用工作是实现档案工作目的的关键，是手段，是档案工作的根本任务。

2.档案利用工作为档案工作提供了展示平台

  档案利用工作运用各种形式为档案工作提供材料，为社会服务，利用工作可以通过宣传，使人们认识到其社会价值和重要地位，或者直接与利用者发生关系，体现档案工作的服务性和政治性，进一步提高自身的利用价值。因此，有人总是把档案利用工作比喻成联系社会的一个窗口，利用工作做得好与坏，是衡量档案室（馆）业务开展的程度、工作好坏的主要标志。

3.档案利用工作是档案工作中最富有活力的一环

  档案利用工作与社会服务者有着密切的关系，是利用者与被利用之间的桥梁和纽带。档案利用工作为服务者提供材料，服务者可以为档案工作着力宣传，两者相辅相成，休戚与共。另外，档案利用工作对整个档案工作有着检验和督促作用，平时工作中要监督各项工作做到防患于未然。在利用工作中我们可能会遇到各种各样的困难，或意想不到的事件，这时就需要我们有着严谨的态度去发现档案工作中出现的问题，看看材料收集是否齐全、整理是否系统、鉴定是否准确、保管是否安全，并做到合理修补。

（三）人事档案的利用规定

干部人事档案管理的最终目的是更好地利用干部人事档案，开展干部人事工作，管理人员资源。但干部人事档案的利用不同于一般的档案材料，它必须按照干部管理权限确定的范围进行。对查阅、借阅不同层次干部的档案，国家规定了相应的审批制度。尽管各地区、各部门具体的审批办法有所不同，但最基本的规定是，因工作需要才能查阅和借阅干部人事档案，并且必须遵守下列规定：

第一，查阅单位应填写《查阅干部档案审批表》，按照有关规定办理审批手续，不能仅凭调查证明材料、介绍信直接查阅档案。

第二，档案管理单位有权根据规定，确定是否提供和提供哪些材料。

第三，凡查阅干部人事档案，利用单位应根据有关部门的具体规定，派可靠人员到保管单位查阅室查阅。

第四，档案一般不借出使用。如有特殊情况需要借出使用时，要说明理由，经过主管部门负责人批准，并严格履行登记手续，限期归还。借阅单位不得擅自转借他人。

第五，任何人不得查阅或借阅本人及其直系亲属的档案。

第六，查阅档案，必须严格遵守保密制度和《中华人民共和国档案法》有关规定，严禁涂改、圈画、抽取、撤换档案资料。查阅者不得泄露或擅自向外部公布档案的内容。

第七，借用、查阅档案的单位或个人，不得擅自复制档案内容。因工作需要从档案中取证的，必须得到干部档案主管部门审查批准后才能复制（拍摄）。

第二节　档案资源的有效开发

一、档案参考资料的编写方式开发

档案信息开发的途径和方式很多，其中最主要的是编写档案参考资料。

档案参考资料，是档案部门或人员按照一定的题目，对有关档案材料的内容进行研究、综合、加工而成的，可供利用者直接阅读使用的一种档案材料加工品。档案参考资料改变了档案原来的形式，具有问题集中、内容准确、文字精练，概括性强的特点，不仅能起到一定的介绍和报道档案情况的作用，而且更重要的是，可以直接为利用者提供有实际内容的档案材料。参考资料的最大优点在于利用者不必翻阅大批档案，便可简明扼要地得到所需的材料。下面介绍几种常用的档案参考资料的编写。

（一）大事记

大事记，就是按照时间顺序，简要地记载一定历史时期发生的重大事件的一种参考资料。它是一种以时为经、以事为纬，简明地记载和反映一定范围内各种重要史实的资料书和工具书。它可以向利用者提供某一问题的历史梗概，便于人们研究史实的演变及其规律性，是历史工作者总结工作、编写资料、考证历史的重要依据。

大事记的特点是必须严格地按照时间顺序记载有关历史事实，使用编年纪事体。编年纪事体是一事一记，逐年、逐月、逐日以事件发生的时间先后为序记述，一口数事，则分条记述。

秘书人员编写的大事记主要是持续反映本单位情况的单位大事记。

编写大事记应尊重历史、尊重事实，维护事物的本来面目，客观地加以记述。其具体要求有三：第一，观点正确，用材真实；第二，大事突出，要事不漏，小事不记；第三，系统条理，简明扼要。

大事记的内容，主要由大事时间和大事记述两部分组成。

1. 大事时间

大事时间，一般要求记载准确的日期，并按照大事时间的先后顺序排列，以便反映事件发生、发展进程；每件大事年、月、日齐备，有的甚至写明确切的时、分、秒。对时间不确切的事件，应尽力进行考证。先排有确切日期的大事，后排接近准确日期的大事，日期不清者附于月末，月份不清者附于年末。

2. 大事记述

大事记述是大事记的主要组成部分，通过许多重大事件的记述，反映历史发展的概貌和规律。大事的合理选择，是撰写这部分内容的关键。如何选择和确定大事，需要考虑如下三方面因素：

（1）要立足于本单位，突出本身活动。属于全国或其他较大范围内的大事，只有与本单位密切相关的大事才记；否则，不予记述。记述的目的在于说明大事的背景和由来。

（2）要根据本单位的性质、任务和主要职能活动选择大事和要事。一般情况下，反映主要职能活动的重要事件，才能列入大事记的范围。

（3）要体现本单位的特点，突出一定时期的中心工作、重大事件和要事。

（二）组织机构沿革

组织机构沿革是以文字或图表形式，并系统地记载一个单位或专业系统的体制、组织机构和人员编制变革情况的一种文字材料。

1.内容

组织机构沿革的内容大致包括单位（系统）概况、机构名称改变、地址迁移、成立、撤销或合并时间、隶属关系、性质和任务、职权范围、领导人员变动、编制扩大与缩小以及内部机构设置等方面地变化情况。

2.编写体例及格式

组织机构沿革可以采取文字叙述或图表的形式，也可图文并茂的根据组织发展特点，选择不同的编写体例：一是编年法，即按照年度依次列出组织结构的演变发展；二是阶段法，即按照组织机构重大变革的若干历史阶段，分别记述各历史阶段组织机构的演变发展；三是系列法，即按照组织机构变化的主要内容，分别记述演变发展情况。

（三）统计数字汇集（基础数字汇集）

统计数字汇集是以数字语言反映某一单位或某一地区、某一系统的某一方面情况或若干方面基本情况的一种参考资料。它是反映一个单位、系统或某一方面基本情况的一种数字材料，是了解情况、研究问题、制订计划、指导工作和总结经验不可或缺的依据和参考。

统计数字汇集按其内容可分为综合性和专题性两种。综合性的统计数字汇集则是记载和反映一个单位系统全面情况的，其包容性强，篇幅较大。专题性的统计数字汇集则是记载一个单位或系统在某个方面的基本情况的。

整体结构：

1.总标题：单位、内容、名称、时间；

2.编制说明；

3.正文。

（四）会议简介

会议简介是简明扼要地记述会议基本情况的一种文字材料。广大机关、企事业单位干部经常需要查询会议的档案材料。例如，筹备一个会议之前，先行查阅以往有关会议的档案材料，许多程式性的内容便可延用旧例，以收到事半功倍之效。

会议简介的主要内容应包括会议届次，召开的时间、地点，主持人，参加人（代表名额、分配情况、列席范围），会议议程，讨论与会议决策事项以及选举结果等。

（五）科技成果简介

科技成果简介是科技档案的编研成果之一，是指针对获得成果的科研设计项目的档案资料，扼要摘录其内容，汇集编印成册的一种参考资料。其内容一般包括：项目名称、项目内容、投资费用、主要技术经济指标或主要技术参数、经济效益、应用推广情况、鉴定评审情况、获奖情况、转让方式和费用等。

（六）企业年鉴

企业年鉴是记录和汇集一个企业在一年间的生产、经营、基本建设、科学研究等各类大事件的有关文献、照片和统计数据等的综合性参考资料。

企业年鉴的特点是，利用年度的各种文字总结、数据报表、照片和说明文字等，记述和反映一个企业的综合发展状况。它一年编制一个卷册，年年记录汇录，但又前后连贯。

企业年鉴对于了解企业的综合情况和数据，进行工作总结、预测未来、计划决策，以及进行科学研究和编史修志等，可以提供比较系统和全面的档案材料。因此它被誉为"办公桌上的档案数据库"。

（七）企业史志

企业史志是依据企业档案信息撰写的史料性质的编研成品。从内容上划分，有就企业全部生产经营活动编写的综合性史志，也有针对某项专业活动撰写的专门性史志。企业史志史料性较强，是以客观反映和系统阐述企业生产经营、科技工作及其各项管理的发展历史与发展规律为目的的，因此具有较高的和长远的利用价值。

（八）科技图册

科技图册也称"科技图集"是以图样为主体，配以必要的文字和数字说明的编研成品。图样可以是设计图，也可以是简图或示意图等。图册主要用来表示产品或设备的规格、结构、性能、技术参数等，或表示基建工程设施的规模、布局、走向、结构、数据等。图册根据用途不同而有所区别，有为产品研制服务的图册，有为设备管理或工程设施管理服务的图册，有为技术交流或产品加工订货服务的图册等。

（九）科技手册

科技手册是以科技档案信息为依据，简明、扼要地概述特定范围的科技活动或专业的基础知识与规范的资料性工具书。所谓基础知识，是指专业性的基本数据、常用的计算公式和测试方法等。这些基础内容多是经过实践验证的成果和经验总结，带有一定的规律性，具有某种规范意义，是从企业档案中筛选出来，供企业各级领导、各种业务管理部门和技术人员以及管理人员经常使用的，在形式上是可以随身携带备用的一种工具书。

（十）科技简报

科技简报是连续地报道科技档案信息的活页式编研成品。为了提高档案部门的信息反应速度，近年来许多档案部门分别创办了《档案信息》《档案信息快报》等，是及时、定向地传递科技档案信息为主要目的的刊物，受到了科技档案利用者的一致好评。科技简报就是这类刊物的代称。科技简报可分为定期与不定期两种。

二、档案资源开发的特点

（一）档案开发利用工作能更集中、更全面地提供档案信息，更好地利用档案

档案开发利用工作向需要者提供的不是档案材料中的原始信息，而是经过档案人员提炼、整理、编辑出来的二次信息。这些信息不再像原始信息那种处于分散、凌乱的状态，而是组织成一个有机的整体。这些整体向我们清晰地展示出一个事物、一段历史、一类产品、一项工程的前因后果、来龙去脉及全部特征。对需求者而言，既可以省去查找、摘录、分类的烦恼，又可以迅速掌握某一问题的详细资料，以此取得较好的利用效果。

（二）档案开发利用工作能够有效地保护档案的原件，广泛传播档案信息

一方面，由于档案开发利用工作编研的各种资料的信息均来源于原始档案，同样能作为各项工作的凭证和依据，通过利用各种资料能有效避免对档案原件的反复使用，减少利用带来的损耗，起到保护档案原件的作用。另一方面，由于各种资料上的信息又不完全等同于单份档案，它比单份档案更加丰富、全面和系统，加上资料可以大量印制甚至出版发行，因而开展档案开发利用工作能够广泛传播档案信息，扩大档案利用范围和影响面，帮助更多的需求者利用到档案资源。

（三）档案开发利用工作能够帮助档案人员提高业务水平，促进档案工作各环节的开展

档案开发利用工作是一项专业性、研究性、综合性较强的工作，其对档案工作人员的素质也有较高的要求。它不仅要求档案工作人员有一定的政治思想修养和理论水平，还要求档案工作人员精通档案专业知识，熟悉本单位档案的内容、价值、利用需求和特点等，同时档案工作人员还应具有较强的综合分析能力和文字能力。所以，开展档案开发利用工作实际上是对档案人员基本素质和业务能力的一次检验和推动。

档案开发利用工作的开展还需要以坚实的基础工作为前提。如果基础工作达不到一定的要求，面对一堆杂乱无章的档案，是无法对其进行深加工的。因此开展档案开发利用工作，还可以推动档案管理水平的全面提高。

三、档案资源开发的注意事项

档案参考资料是档案开发利用的一项重要工作。编写各种档案参考资料应注意以下几点：

1.要广泛征集资料，熟悉馆藏内容，掌握一定的原始材料以供编写。

2.注意材料真实、准确以及表述恰当。

3.注意实用性。编研成果能否受到社会欢迎和重视，主要取决于它的现实有用性，因此档案部门要积极调查，了解社会需求，按需编研。

4.注意保密性。档案本身就有一定的保密性，因此在编制档案参考时，要注意保密，确保档案信息的安全性。

第三节 档案管理的优质化服务

一、档案服务的要求

（一）满足计划决策人员对档案的需求

计划决策人员包括两个层次的管理人员：中层管理者和高层领导者。计划决策人员是档案部门利用服务的主要对象，满足其对档案的利用需求主要有以下几个方面：

1.提供档案信息的性质和范围方面

计划决策人员要求利用综合性的、可靠的、涉及面比较广泛的档案材料，越是高层的管理者，其考虑问题越要全面、决策越为关键，所以越需要档案人员提供经过加工的概括性、综合性强的高层次信息，不仅要求信息可靠，也越需要提供综合参考的非档案类的外部信息。

2.提供档案信息内容方面

有两方面的材料是需要所有计划决策人员共同关注的：其一，政策性文件和分析论证材料；其二，历史上处理类似问题所形成的材料，包括决策方案、决策依据、反馈意见等。例如，本单位的机构沿革，工作或经营活动方面的历史情况和统计数据；有关本单位工作业务的国家和地方、上级部门的法律、法规、行政规章；有关某方面工作成功和失败的典型案例分析；国内外同行业的情报材料等。

3.提供时间和方式方面

有特殊要求的计划决策人员希望用较少的时间了解尽可能多的信息内容，因此经过加工汇集而成的信息，密集度高的材料更受欢迎。此外，计划决策人员很少有时间亲自到档案部门查阅，利用过程常常是委托进行，所以在服务方式上最好做到主动上门服务。

（二）满足基层管理者对档案的需求

基层管理者主要从事具体的业务管理、事务工作。不同性质、不同规模的组织机构，其具体的基层管理工作存在着一定的差别，一般包括生产、财务、人事、行政、销售等部门所进行的业务、事务活动。满足其对档案的利用需求主要有以下几个方面：

1. 提供档案信息的性质方面

要提供具体、详尽、实用性强的信息，能对具体工作给予帮助。档案工作人员应编制详细的检索工具，以方便查询。

2. 提供档案信息的内容方面

往往需要提供关于管理对象的有关信息，其范围相对固定，如行政管理人员经常利用文书档案，会计人员经常利用会计档案，销售人员经常利用销售档案，等等。

3. 提供信息的范围方面

主要是单位内部信息，且其利用比较有规律。

（三）满足科研人员对档案的需求

单位内部的科研人员，一般从事的是应用技术的研究，也有少数是开展基础研究的。另外，单位外部从事基础研究和应用技术研究的科技人员，有时也需要到单位来查询利用相应的科技档案。满足其对档案的利用需求主要有以下几个方面：

1. 提供信息的范围方面

科技人员的利用需求比较稳定，通常表现为对一个或多个相关主题的档案信息的需求。

2. 满足其利用信息的形式方面

科技人员更愿意利用原始材料，

（四）满足工程技术人员对档案的需求

工程技术人员进行应用技术的研究，从事具体的工程、产品和其他科技任务的设计、施工、生产或管理、操作、维修等工作，属于具体的生产技术和生产工艺性质的活动。满足其对档案的利用需求主要有以下几个方面：

（1）提供档案信息的性质方面，要提供具有针对性和内容具体的信息材料，如查用某个具体的图形、数据、报表等。

（2）提供档案信息的内容方面，要专注于专利文献和标准化材料，需要提供同类客体、同类项目或同行业的最新信息。

（3）提供时间方面，要求迅速和及时。

二、档案服务的针对性

（1）要详细了解本单位业务、形势和工作进展情况，增强超前意识，且有的放矢、快速高效地做好档案服务工作。

（2）要善于提供经过筛选、综合、归纳和提炼而成的档案编研成品，还要善于利用国家各级各类档案馆的档案，甚至要提供由档案、图书和情报综合而成的信息。

（3）要对不同级别的用户分别对待，明确不同用户的不同利用权限。一般来说，决策层、高级管理者、高级技术人员的利用权限要大于一般职工。

三、档案利用服务

"提供档案利用"与"利用档案"是档案利用工作的两大方面。有利用需求，才会有档案利用工作，有档案利用工作才能实现对档案的利用。这两者表现为一个过程的两个方面。"提供档案利用"是"利用档案"的前提条件，"利用档案"是"提供档案利用"的目的。

四、档案的电子化服务

档案的电子化服务是计算机技术迅猛发展的形势下兴起的一种档案的新型利用方式。它是指档案部门利用电子化办公设备和现代通信技术，向利用者提供非纸质载体的数字化档案。

由于办公自动化的进一步扩展和深化，特别是电子计算机和通信技术相结合形成了信息技术产业，过去的文字、图表、图形、影像、科技文件材料等各种档案形式都可以采用电子档案的形式进行处理和利用。同时，在国家的倡导下，政府各部门、各企事业在开展网络办公、电子办公等工作中形成了大量电子文件，随着这类档案在各级档案部门的增多，电子化服务将会在今后得到越来越广泛的运用。

实现档案信息开发利用的电子化具有诸多优势：首先，能将文字、声音、图像结合起来，向利用者提供多媒体信息；其次，能使利用工作变得方便高效，电子化服务通过多媒体的超文本技术，可将计算机存储、表现信息的能力与人脑筛选信息的能力结合在一起，提高检索效率；再次，能够提供超时空、全方位的信息服务。

档案电子服务化的方式主要有以下几种：

（一）直接利用

直接利用即到档案部门可直接查询电子档案。这一方式要求档案部门需要建立完善的档案数据库，配备拥有先进的硬件设备和实用、标准的软件环境的电子阅览室，以便利用者方便高效地利用电子档案。在直接利用中应注意对利用者利用权限的限定，无论采取哪种方式，系统都应对利用者进行全程跟踪监控，并自动进行相关记录，以保证档案信息的安全，同时也作为对利用工作查证的依据。

（二）提供拷贝

提供拷贝即向利用者提供记录在特定载体上的电子档案，所用的载体因不同利用对象而异。对使用大型电子计算机设备的利用者，以提供磁带为宜；对一般的微型电子计算机的使用者，如果档案数据量较少，可用软盘进行提供，若是大量的电子档案，则可考虑用只读式光盘进行提供。在提供拷贝时，应将电子档案转化成通用的、标准的存储格式，以方便利用者查阅使用。

（三）通信传输

通信传输即通过网络环境直接传递档案信息。这种方法比较适用于馆际之间档案信息的互相交流和向相对固定的档案用户提供档案资料，可以通过点对点数据通信或互联网来实现。这种方式可以在较短时间内提供大量的档案信息，且内容丰富、速度快捷、效果良好。

（四）网络服务

档案网络服务是近几年来基于互联网建立起来的一种全新的档案提供利用方式。其具体方法是档案部门将经过提炼加工后的档案信息连接在专门的网站和网页上，利用者根据自己的需要随时进行异地查阅。网络档案信息服务超越了时空界限，充分发挥了网络的互动功能，利用超文本链接提供多媒体服务，效果十分理想。但目前，网络技术的一些瓶颈制约了网络服务的进一步开展：

一是大量的电子档案不可能都存储在网络中，否则将会对网络资源带来浪费，档案部门虽可以采用根据利用者的需求定期用系统加载信息的方法解决这一问题，但毕竟影响了档案信息作用的全面发挥。二是档案利用权限不易控制，档案信息与一般网络信息不同，它有着较强的政治性和机密性，一旦失控，将会给国家和单位造成不可挽回的损失。目前我国网络的安全性还存在着较大的隐患，防范能力差、抗攻击能力弱等技术缺陷比较明显，硬件设施、软件环境依赖国外等问题都会影响网络服务的正常运行。三是网络资源需要定期维护、定期更新，需要一定的人力、财力、物力的支持，对档案工作人员的素质也有着较高的要求。就目前的情况来看，一些档案部门的网络服务还流于形式，有些跟着政府上网的大潮建立起自己的网站，但却不知道如何发挥其作用，其网站除了一个并不漂亮的主页外别无他物。还有的内容几年如一日，除了一些档案部门的基本信息，如电话、地址、机构设置外，没有真正可利用的内容。如何最大限度地利用网络资源，更新档案提供利用的形式，对档案部门提出了新的挑战。

档案网络服务不仅是现代社会的档案需要，而且也是贯彻我党提出的建设政治文明的重要举措。要保证档案网络服务的顺利进行，各级档案部门应从思想上高度重视，把它作为档案提供利用的重要措施和社会民主化进程的重要举措，在技术、人才等方面加大投入，尽快完善网络服务的技术环境，适应时代发展的要求。

第四节　图书馆图书资料精细化管理体系建设

我国在改革开放以后取得了重要的经济成就，人们的物质生活得到了较大得提高，同时也对精神生活提出了更高要求，图书馆是我国精神文明建设的重要环节，但是传统的图书资料管理模式存在一定的不足。现代信息技术的出现给图书馆的资料管理提供了强有力的技术支撑，同时也需要相关工作人员根据信息技术设备特征不断地完善和优化自身服务，基于图书资料管理的实际需求进行模式创新，以符合时代发展特征的方式进行路径探索。

一、图书馆资料管理的发展方向

图书资料管理是对图书资料信息进行收集、整理以及服务利用，而信息化图书资料管理则是通过现有的信息化技术以及互联网技术等对图书资料信息资源进行虚拟化的归纳收集整理，同时信息化建设也需要从多个方面进行考虑，例如信息化基础设施信息化人才培养以及信息化设备的维护与更新等。图书资料管理是图书馆现代化建设的重要环节，同时图书资料管理也需跟着社会技术发展形势而进行更新，计算机已经与当前人们的生产生活以及学习深度融合，同时也为图书资料信息化管理指明了方向，信息化建设可以提高图书资料管理的工作效能，同时也减少了传统图书资料的占地空间，在信息检索方面也更加便捷快速，是未来图书资料管理的重要发展方向。图书资料管理包含的内容繁杂，随着当前社会朝着多元化的方向发展，图书资料管理的标准和要求也越来越多，图书资料管理的最终目的是服务社会，在信息化技术的加持下图书资料管理工作可以有效提高工作效率，同时也能将多元化的图书资料信息进行融合，改善传统图书资料管理的运作模式，更对图书资料查询、图书资料调取、图书资料检索提供了便捷性。

二、信息技术对图书资料管理的推动作用

传统的图书资料管理多以纸质模式为主，不仅需要大量的物理空间进行保存，同时由于不同阶段需要进行资料补充和更新等，因此对于图书资料管理的保密性和真实性也具有一定隐患。而数字化的图书资料管理更多的依托于现代互联网技术以及相关数字化产业，改变了传统的图书资料管理模式。可以通过文字、照片、视频、音频等多种模式进行多元化管理，不仅丰富了图书资料的内容，同时还能对存储信息进行功能检索，有利于现代化管理的工作效率提升。在传统图书资料管理过程中，如果想要查阅图书资料，则需要根据图书所属类别逐个寻找，整个工作流程烦琐且耗费大量人力，同时精准度也无法保证。数字化图书资料管理的模式可以将图书资料信息转化为图书资料识别代码，当有需要时，管理人员可以根据关键词或关键信息快速查询，极大地提高了图书资料工作效率，同时兼具精准性。另外由于当前互联网的快速发展，目前的图书资料管理数字化技术也突破了时间与空间的屏障，更大程度上减少了图书资料

管理的经济成本，可以在任何条件下进行查询，对于提升图书资料管理的综合水平具有积极意义。

三、当前图书馆图书资料精细化管理存在的问题

目前我国的图书资料管理仍处于探索阶段，在不同地区以及不同单位采取了不同的资料分类方式以及编码打码工作程序，但是由于图书资料管理具有流动性，因此各图书馆必须统一标准才能让图书资料信息实现共享，才能提高图书资料管理效能，如果标准没有统一，那么可能反而增加工作量。实行精细化的图书资料工作管理模式就需要工作人员，不仅要具备图书资料管理的专业知识，同时还要熟悉系统操作以及相关的信息设备维护，这样可以增加图书资料管理的安全性和时效性，但是目前很多图书馆工作人员还缺乏相关的专业知识，这也给精细化建设提出了难题，在图书资料管理的推进过程中，需要对传统的图书资料进行逐一扫描和归档，同时对于各单位各部门也需要相应的硬件和软件进行建设维护。

因此可以看出，在图书资料精细化建设过程中，需要有大量的资金成本和人力成本作为支撑。精细化的图书资料可以对图书资料进行多维度、立体化的管理，明确了各层级图书资料管理人员的工作职责，同时还能对图书资料的优化和完善进行不断的设计规划，通过建立统一化的图书资料管理平台，让多个部门全程参与这对于图书资料管理的系统化发展具有重要意义。另外，建立图书资料管理系统还能增强图书资料管理的监管效能，对于图书资料的收集、图书资料的统计以及图书资料的在线监控都具有重要意义。

四、探索图书馆图书资料精细化管理的具体策略

随着科技的快速发展，图书资料管理精细化建设是未来必然地发展趋势，相关工作人员应充分认识到精细化、信息化建设的重要性，从硬件和软件两个方面进行资源建设，提高图书资料管理人员的综合素质，使图书资料管理水平提升到一个全新高度，促进我国图书资料管理的全面发展。

（一）加强图书资料数字化资源建设

加强图书资料信息化管理需要从软件和硬件两方面入手。首先，在硬件方

面需要注重图书资料管理、设备更新以及原有设备的外接拓展，未来的数字化发展具有较大潜力，因此图书资料管理在设计之初，硬件条件就不能限定在具体的范围内，而是要注重技术的革新以及拓展，同时由于当前图书资料信息的多元化，因此要注重多样性多媒体信息技术与 3D 技术的结合，这样有利于将传统的档案信息进行转换，同时也能丰富图书资料管理的综合效能。其次，在软件方面应该注重相应图书资料管理的应用程序开发，根据实际需求结合智能化技术将查询方式以及存储方式以更加多元化的形式开展，以促进我国数字化图书资料建设快速发展。由于图书资料具有很强的流动性，因此必须注重图书资料的及时更新和纠错，并逐步将传统的纸质图书资料向数字化进行转换，让图书资料管理具有更好的便捷性和流通性，因此建议建立相关的信息化图书资料数据库，通过大数据技术进行图书资料信息收集整理以及通过平台内的分类和数据集成，加强对图书资料的管控和存储。

（二）建立多功能图书资料查询阅览体系

在精细化图书资料管理过程中，必然会遇到各种问题，只有在实践中不断探索，才能找到其优化路径，因此应注重管理系统的优化以及更新，在实践中不断探索和创新，并为精细化图书资料管理平台提供更多的扩容接口，对于可能需要增加的服务模块，留有足够的空间进行拓展，同时也要加强使用系统、维护系统以及管理系统的有效分类，让系统按照不同标准进行最大效能发挥，举例来说，多功能阅览室是图书资料管理的重要组成部分，随着信息化图书资料管理建设的逐步开展，多功能阅览室不仅可以为相关需求群体提供便捷舒适的阅览环境，同时也能加快信息的传播与共享。建立多功能阅览室时，要针对社会群体需求以及图书资料管理工作特征进行分析，注重网络咨询以及图书资料检索等服务，也要加快自身的服务效能，打破时间与空间的限制，为人们提供更多便利服务，同时也要注重传统图书资料的电子转化，让多功能阅览室资源更加丰富，以满足人们需求。

（三）注重图书资料管理的安全性建设

互联网是一个开放性的平台，其中不免鱼龙混杂，由于图书资料管理是一个极具严肃性的工作，而且关系到图书馆的未来发展，因此必须强化信息安全管理职能，注重平台系统的可靠性。首先，数字化的图书资料管理需要有数字加密，对于任何进入系统的账号都需验证身份，同时对于账号的使用过程进行全程记录，为防范今后出现的任何问题做好数据储备。其次，要充分利用大数据以及云计算等技术对图书资料进行有效备份，防止因任何意外情况造成的原始资料丢失问题地发生。最后，要注重保护关联方的个人信息，防止个人隐私被泄露，要有相应的防火墙和网络隔离对木马或黑客攻击进行有效防范。

（四）提高图书资料管理人员的综合能力

随着当前互联网技术不断地向上发展，在图书资料管理工作中必须提升相关人员的综合素养，以适应现代技术的快速应用。首先，建议图书资料管理部门要注重自身新鲜血液的注入，例如与各大高校的计算机专业签订就业协议，以专项培养的方式为部门做好人才储备，年轻人也能为图书资料管理带来更多的创新思想，对于图书资料管理未来地发展具有重要意义。其次，图书资料管理部门要注重原有职工的综合能力地提升，可以采用定期培训的方式促进业务能力成长，学习有关的管理技术。

综上所述，信息化产业技术是未来社会的重要发展方向，图书资料本身具有自身的特点，因此精细化管理对图书资料有着重要的价值。相关工作人员应充分认识到数字化技术的积极效能，结合精细化图书资料管理方面所面临的问题进行分析，探索未来的管理方向，为我国的图书资料工作发展做好准备。

第十二章　数据挖掘在档案管理中的应用

第一节　概念综述

一、数据挖掘

　　人们从多个角度对数据进行深层次、反复地分析，从而发现其蕴含的重要价值，并将其转化成经济价值，这种多次利用信息的情况是一种颠覆行为，它已经不仅局限在个人隐私泄露这一领域。现如今数据挖掘技术已经对我们的生活产生了或多或少的影响。在通常情况下，网络服务提供商会借助数据挖掘技术对用户的数据进行"深耕"，以达到优化服务、提高体验感、精准销售的目的。然而，对于一些网络服务供应商如果没有把握好数据挖掘的尺度，则会造成滥用用户数据的情况，甚至导致用户隐私的泄露。

　　那么如何对数据进行挖掘呢，接下来我们从应用的角度给大家介绍一下。第一，在企业里，大数据涉及很多部门，业务处理起来比较复杂，在收集和整理大数据的过程中，各个部门及其人员都要大力配合，企业的决策者也要给予一定的重视，无论是在资源的配置上，还是在态度的支持上。此外，需要指派专人验证和运用数据挖掘的结果。大数据分析的结果体现的并不是数据之间的因果关系，而是相关关系，其存在一定的不确定性。同时，由于每个企业都有自己的诉求，因此数据挖掘的结果或多或少地体现了企业的经营思维，有时甚至与企业的经营思维完全不符。然而，如何运用好这些带有不确定性，甚至与预期结果相反的数据挖掘结果，对于企业的管理者而言也是一种挑战。第二，大数据技术要对数据进行导入、整合以及预处理。由于数据的来源是多方面的，且数据本身也很庞大，加上具体的业务要求又很复杂，因此很多企业在运用大数据这项技术时，根本就不清楚自身想去挖掘什么和发现什么。对于数据挖掘如何能帮助企业进行决策和运营也没有直观认识。因此，如果企业连数据都还没有准备好、规划好，那么在这种情况下．就需要数据挖掘人员和企业员工通力配合，在对数据进行导入、整合、预处理时做出灵活调整，使数据挖掘技术更好地服务于企业发展。

虽然数据挖掘技术有着广阔的发展空间，但是也面临着诸多挑战。近年来，数据挖掘在规模上呈现出爆发式增长，其复杂程度也越来越高。在金融、医疗、制造等领域，一个数据挖掘任务就包含了多个复杂的子任务，在分布式计算的环境中，配以多种算法，高效地运行速度，对于数据挖掘计算工具的研发和平台建设成为支撑分析人员高质量、高效率地完成数据分析任务的关键所在。虽然像 SPSS、SQL Server 这样的数据挖掘工具为用户分析数据提供了友好的用户界面，但是它们无法进行大量的数据分析，也不允许用户添加进新的算法程序。而像 MILK5、MLC++4 这样的算法库虽然可以为用户提供很多的算法程序，但同时对操作人员提出了更高的要求—具有高级编程技能。此外，近年来新推出的一些像 Radoop 这类集成的数据挖掘工具不仅能够为用户提供友好的用户界面，还能够对数据挖掘任务进行快速分配，然而却有两个不足之处，那就是它们只支持 Hadoop 算法程序，而且无法进行多用户、多任务的资源分配。正是基于此，FIU-Miner 被开发了出来。FIU-Miner 这套数据挖掘系统为数据分析人员提供了友好的用户界面，能够支持高效计算和快速集成在分布式环境中运行，以便数据分析人员高效、快速地完成数据挖掘的任务。接下来，笔者将为大家详细地介绍一下 FIU-Miner 数据挖掘系统。

（一）优势所在

同目前市场上的数据挖掘平台比起来，FIU-Miner 系统具有以下优势。

1.更具人性化，快速分配数据挖掘任务

FIU-Miner 系统本着"软件即服务"的设计理念，把与数据分析任务毫无关系的细节隐藏了起来。数据挖掘人员通过操作 FIU-Miner 系统的人性化界面，摆脱了编写代码的烦恼，只需将现有的算法组装成工作流，并轻松搞定数据挖掘的任务配置。

2.更具灵活性的多语言程序集成

数据挖掘人员可以将各种新增的算法导入 FIU-Miner 系统的算法库里，并且对于算法的语言没有任何限制，因为 FIU-Mincr 系统可以将任务正确地分配到与其适合的运行环境中，所以对这些导入的算法并没有语言的限制。

3. 在异构环境中对资源进行有效管理

FIU-Miner 系统能够支持数据挖掘人员在服务器、单个计算机、图形工作站等异构的计算环境中执行数据挖掘任务。FIU-Miner 为了使计算资源得到更好地利用，对服务器负载平衡、算法实现、数据位置等因素进行综合考虑。

（二）体系结构

1. 用户接口层

作为完全基于 HTML5 语言开发的 Web 应用程序——用户接口层可以将系统的兼容性提高到最大。用户接口层由三个功能模块组成。

（1）任务配置和执行模块

任务配置和执行模块起到支持数据挖掘任务在工作流程中的分配。我们可以用一个有向图来表示数据挖掘任务的工作流。算法由图中的节点来表示，算法中体现出的数据相关性由图的边来表示。在 FIU-Miner 系统里，数据挖掘人员不需要编程，只需利用图形用户界面便可对工作流程进行快速配置。另外，包括程序如何定时、如何循环等涉及数据挖掘任务的执行计划都可由用户自行设置。

（2）程序注册

用户可以通过程序注册模块把新的算法添加到 FIU-Miner 系统的算法库。在导入的时候，除了上传可执行文件外，还要提供如程序功能、运行环境、相关数据、参数规范等描述性信息。当前，FIU-Miner 支持 Java、CH 等多种编程语言，因此对于被导入的程序在 FIU-Miner 系统的编程语言上没有特别限制，差不多全部的算法都能够被导入 FIU-Miner 系统。同时，有的用户自己开发的算法也能够导入 FIU-Miner 系统里。

（3）系统监控

系统监控模块能够对 FIU-Miner 系统的资源利用率进行实时监控，并且对系统中所提交的任务运行状态进行动态跟踪。有一点是需要注意的，系统监控模块只对计算资源和逻辑存储这类抽象资源进行显示，从而使用户对底层物理资源有所了解和掌握。

2. 任务管理和系统管理层

（1）任务管理

为了满足分析需要，用户可以使用 FIU-Mincr 系统动态地对数据挖掘任务进行配置，通过对算法库里已经注册的算法进行选择，并将其作为基本模块，从何搭建工作流。首先，我们来介绍一下工作流集成器，它的作用是集成并验证工作流的任务并找出无效流程，然后向系统报告。当集成并配置完新的数据挖掘任务之后，系统会自动把它放进任务库，数据挖掘人员可以不受时间限制把它调度出来并运行。其次，给大家介绍一下作业调度器。作业调度器除了有对计算资源进行分配的功能外，还有对运行时间进行优化的功能。与其他数据挖掘系统相比，FIU-Miner 系统中的调度更为复杂。第一，FIU-Miner 系统允许不同计算环境下的基于不同编程语言的程序运行。同一任务下的不同程序对于运行环境有着不同的要求。因此 . 将任务简单地分配到空闲的计算单元也是不可行的。第二，单一的作业被分成了许多个步骤，不同的计算单元运行着不同的步骤，这样不仅成本增加了，要是再加上用户多、任务多，便会增加 FIU-Miner 系统在调度上的复杂性和困难性。因此，在使用 FIU-Miner 系统进行调度时，我们应该将如上因素全部考虑进来：每步的运行环境是什么？每个计算单元能够支持什么样的运行环境？每个计算节点当前运行的状态如何？要输入的数据有多大？

（2）系统管理

这里我们首先要介绍一个概念——作业管理器。它的作用是对执行作业的运行状态进行跟踪。FIU-Miner 系统不仅对作业进行监视，还对计算单元和与其相关的计算资源所处的状态进行跟踪。另外，在 FIU-Miner 系统中还会设置一个资源监视器"这个资源监视器除了对计算单元进行监视，还会显示作业调度程序的运行状态，帮助数据挖掘人员做出调度决策。而资源管理器则是对所有可用的计算单元进行管理。FIU-Miner 系统区别于其他数据挖掘系统的一点就在于数据挖掘人员不必对可用的物理资源进行人工登记。当数据挖掘人员在物理服务器上把计算单元部署好以后，计算单元便会自动向资源管理器发送服务器的信息，使服务器自动注册在 FIU-Mincr 系统中。

3. 抽象资源层

抽象资源层由两部分组成：一是存储资源；二是计算资源。存储资源由本地文件系统、传统数据库以及分布式文件系统等物理设备组成。从逻辑上讲，计算资源就是计算单元。计算单元数量的大小决定了平台计算能力的大小。数据挖掘任务能否顺利完成可以借助计算单元数量的扩展配置。在 FIU-Miner 系统里，我们可以通过计算数据挖掘任务的多少和计算单元数量的多少来体现物理服务器的计算能力。这是一种系统虚拟化的机制，它能够把计算资源的利用率提高到最大。为了使计算资源得到有效的管理，服务器上布置的所有的计算单元全部共享这台服务器存储（如数据库、本地文件系统），同时要求所有的计算单位配置包含运行环境、运行状态、计算能力等信息的文件。

4.异构物理资源层

我们可以把异构物理层叫作物理资源层，它主要由底层的物理设备组成。它们可以对数据存储和数据资源扩展起到有效支撑作用。

（三）应用案例

1.高端制造业

在了解高端制造业的概念之前，我们首先要了解什么是制造业。原材料被人们加工成产品的大规模的工业生产过程就叫制造业。而高端制造业则指技术含量更高、附加值更大、竞争力更强的制造业。例如，航空航天、生物医药、新能源、光电一体化、电子信息等，在通常情况下，这些领域的工程设计更加严密、装配生产线更加复杂，加工的流程、加工设备控制、材料的要求都更加规范，流程的管控和决策的优化使产量和品质得到保证。因此，为了提高产品质量和竞争力，制造业企业不惜下大力度对生产流程进行优化，同时对控制参数进行调整。在制造业不断发展的过程中，无论是在工艺上，还是在装备上都积累了很多的生产数据。很多对工业生产价值的知识和信息都蕴含在里面。高端制造企业可以利用大数据技术对这些在生产和管理过程中积累下来的数据进行搜集和分析。由于这些数据是在实际生产的过程中产生的，所以和生产要素有着很高的关联性，比如原材料、生产环境、设备状况和生产流程。在没有大数据之前，生产者是很难通过人工对比的方式发现各种参数之间的关联性的，也很难发现生产要素是如何对产品品质产生影响。因此，如何利用掌握的数据对生产流程进行优化，进而提高生产效率、产品质量，成为所有制造业企业都想破解的难题，制造业企业通过大数据技术把藏于大量数据中有价值的、有深度的内容挖掘出来，对生产过程中的各个环节进行优化并提升管理能力，更好地解决生产中遇到的问题。在改进生产工艺的同时，不断提升生产效率和产品品质，从而提高制造业企业的整体竞争力。当然，高端制造业在数据挖掘方面还面临着许多的挑战。例如，数据的分析如何才能做到有效，分析的结果如何做到准确。如今，高端制造业仅靠专家的经验或利用传统的分析系统对大量的数据进行分析并发现其潜在价值是不够的。因此，众多的高端制造业企业应该充分地利用数据分析平台和工具，对生产过程中产生的规模巨大的原始数据进行智能化分析，从而创造出新的生产模式，对生产工艺和流程进行系统性升级。

2. 空间数据挖掘

由于卫星遥感技术地发展和移动通信终端的普及，人们可以轻而易举地获得某个对象的实时空间信息。想要获得对我们有用的信息，就必须通过有效的方法来挖掘空间数据。人们从大型空间数据库里发现有意思的、不为人知的，但却极具价值模式的过程就叫空间数据挖掘。与传统从数据库里进行数据挖掘比较起来，空间数据库挖掘要难得多。这是由空间数据的类型与空间关系更加的复杂所决定的。很多领域都可以用到空间数据挖掘，例如，国土资源管理、水文管理、防灾减灾、交通治理、追踪犯罪嫌疑人、分析病情等。空间数据挖掘系统应该使空间数据能够被在线分析、查询、可视化。

3. 库存管理数据

什么是库存管理呢？它指的是为了使储备保持在合理的经济水平，人们管理和控制在服务业或制造业领域所经营、生产的所有产品、物品，以及其他资源。高效而可靠的库存管理为企业管理人员科学合理地制定货物的库存量和订货量提供了保障，避免了资金的大量占用以及由于货物短缺而造成的经济损失，从而使企业的经济效益得到了提升，随着零售业越来越发达，通常情况下供应商需要大量地备货以满足不同地区的需求，而且消费者在网上购物的频率越来越高，所以供应商必须合理地制订库存计划。而像 Invemoria、inFlow 这类库存管理系统仍然基于过去一直使用的统计分析方法对库存数据进行分析。供应商仅能够根据一种算法对库存做出决策，无法将之前的数据和市场的现状综合起来做出更加精准的库存决策。因此，利用大数据技术对库存情况进行高效预测、及时发现库存异常、正确地分析库龄是广大供应商需要解决的难题，成为当前大型零售企业亟须解决的问题。近年来，商业竞争越来越激烈，库存管理的问题也越发凸显。我们以某大型电子制造生产企业生产的产品为例，看看它的库存管理到底遇到了什么样的问题：①交易记录不断增多。这家企业的业务规模越来越大，交易记录也越来越多。从 2018 年 1 月到 2021 年 4 月，交易记录多达 8000 万条，数据量大约在 60GB。②复杂的属性关系。库存数据多达 300 个属性，数据之间的层次众多，数据和属性有着复杂的相关性等。③缓慢的处理速度。很多的数据分析工具仅靠内存支撑，大量的数据集无法加载上来，而且数据格式要求很严，导致运行速度很慢，运行环境根本无法适应大数据的要求。因此，供应商需要应用类似 iMiner 这样建立在 FlU-Miner 平台上的库存管理系统，利用专属的数据算法，在多任务、多程序语言的环境下进行数据分析，从而实现高效、精准的库存管理。

二、档案数据挖掘

档案人员想要做好档案编研选题，不仅要对用户利用档案数据（包括档案调卷数量、档案利用次数、复制档案数量、制发档案证明数量等）进行深度挖掘，而且需要对用户访问记录（包括网页采用的关键字、下载记录、检索词、用户利用网页时间和频度等）信息进行深度挖掘，然后利用分类功能及数据分析，建立档案编研选题的用户模型，一是按需确定不同类型的编研选题，提供个性化服务；二是根据档案用户的需求特点，预测其未来趋向，结合社会热点选定档案编研题目，从而使档案编研部门推出令用户满意的编研成果。在档案利用方面，对档案利用登记数据库进行深度挖掘，分别选取不同方面的数据进行建模. 得出不同档案利用形式的变化趋势，从而对档案利用趋势进行分析和预测. 对利用频率高的档案进行全文数字化，这样既可以提高档案利用效率. 又可以起到保护档案原件的作用。因此，档案数据深度挖掘是大数据时代的主要特点，档案学的发展历程告诉我们，每次重大的技术变革都必然影响着档案学的发展，如计算机和网络技术引入，引发了档案管理理念与实践变革，改变了文件与档案的处理流程。在档案行业，随着信息社会的发展、无纸化政策推进，数字档案的产生量不断递增，加之大部分为非结构化数据，使档案管理工作难度加大，而档案数据挖掘是从大量数字档案中发现有益于档案管理活动的可被利用信息，改善档案管理者的工作现状，为普通公众提供更优质的档案服务。

三、机器学习

机器学习是一门研究人工智能的科学，特别是如何改善经验学习中算法的性能。机器学习最早可以追溯到对人工神经网络的研究，沃伦·麦卡洛克和沃尔特·皮茨早在 1943 年就提出了神经网络层次结构模型，确立为神经网络的计算模型理论，从而为机器学习的发展奠定了基础。在之后的 1950 年，图灵测试的提出标志着人工智能开始成为一个重要的研究课题，从此，以人工智能为核心的机器学习也正式迈入研究殿堂。机器学习与人的参与密不可分，根据人参与程度的不同可将机器学习的学习形式分为监督学习、无监督学习和半监督学习等。其中，监督学习是根据数据训练集产生的函数预测新数据对应的结果，训练集的目标是由人为标注产生的；无监督学习与监督学习相比，训练集不包括人为标注的数据，整个过程由计算机自主完成；半监督学习介于监督学习与无监督学习之间，是两者相结合产生的一种学习方法，这种学习方法运用大量的未标记数据，同时使用少量标记数据进行模式识别，进而完成任务。

四、数据库管理

数据库管理顾名思义就是对数据库进行管理，其核心是数据库。根据不同的结构，数据库可分为很多类型，其中关系型数据库是最常见的。关系型数据库是建立在关系模型基础上的数据库，借助数学方法处理数据，绝大多数档案机构使用的就是这种类型的数据库。由于档案数据挖掘过程中涉及的异构数据增多，因此就需要非关系数据库地参与，特别是文档型数据库。与关系型数据库相比，非关系型数据库在使用前不需要定义相关的结构，使用时也具有较大的灵活性。具体来说，数据库的管理应根据数据挖掘过程的任务进行及时调整，满足其系统需求。由于数据挖掘更偏向于探索性分析，意在从数据中寻找有价值的信息，并且这类信息经常不在预定的设计结构之内，所以在档案数据挖掘的过程中，常会带来数据类型变化的不确定性，从而加剧已定义结构的不稳定性。随着数据挖掘技术的不断发展，结构需要不断调整，为此需要采用关系型数据库和非关系型数据库（如文档型数据库）相结合的方式减少不稳定性因素。

第二节　现实价值

一、档案的多元分类

在档案整理的过程中，档案分类是一项特别重要的任务。由于事物一般具有多重属性，按照不同的分类体系可以产生不同的分类结果。同样的道理，多重属性的特点在档案上也随处可见。例如，对常见的文书档案而言，目前的分类主要根据"全宗号—年度—机构（问题）—件号"的模式进行，在实际的档案整理过程中，为了避免机构和问题两个不同类别的交叉，往往采取二选一的分类，而机构运行中产生的文书档案一定和活动、问题等密切相关。因此，所解决的问题、涉及的机构、相关的人员等内容特点会集中体现在文书档案中，二选一的分类势必将舍去其他的内容特点。此外，在档案著录方面，出于人力成本和时间成本的考虑，一般档案机构并不会对主题词等相关内容进行著录，从而导致这样的分类模式将会对档案编研产生直接影响。例如，在档案年鉴的编制过程中，经常会采用经济、政治、文化等相关元素的分类.以上的这种分类模式根本无法给年鉴的编制带来直接效益，反而会迫使编制人员进行重新查询和分类，以致浪费大量的时间。因此，档案的多元分类势在必行。在数据挖掘中，利用机器学习的原理可对文本进行自动分类，结合相关训练语料和包含IDF、词性等数据的训练词典，能够极大地提高分类的准确性。在训练分类过程中，分类的结果与特点向量权值的计算方法密切相关，根据不同的计算方法可产生不同的结果，因此通过制定不同的特点向量计算方法可达到产生不同分类器的目的，进而使档案能够进行多元分类。

二、档案信息的准确检索

档案检索是档案利用的一个重要途径，档案的形式特点、内容特点等信息经过数字化后形成的数据被保存在数据库中，经由检索系统返回结果数据，从而达到档案检索的目的。在整个检索过程中，档案检索的满意度和检索系统的查准率和查全率呈正比。其中，查准率为检索出的相关信息量和检索出的信息总量的比值；查全率为检索出的相关信息状和系统中的相关信息总后的比值，从中可以看出制约档案检索的主要因素为系统的检索算法和系统中的信息总量。在检索算法方面，随着信息技术快速发展，目前的检索算法基本可以达到令人满意的程度，但由于受制于检索范围的限制，检索算法改进所带来的满意度提升已经到了瓶颈期，真正的影响因素实为系统中的相关信息总量，即包括档案原生的内容文本数据和档案的元数据。档案原生的内容文本数据就是直接呈现在用户面前，为人眼所能直接看到的文本；档案的元数据是档案著录时进行高度概括能表现档案相关特征的数据，如主题词等。在档案信息检索时，检索的信息来源主要为元数据，而对主题词等相关的元数据很少进行著录，因此所检索的元数据类型十分有限。常用的检索主要以题名为主。一般情况下，由于题名反映的是档案的主体内容，并不涉及内容的细微之处，在用户的需求符合主体内容的情况下，检索系统能够返回准确的内容，可是当需求涉及细微之处时.返回的结果常常不尽如人意。在此条件下，元数据的著录并不能满足所有的需求，所以有必要对档案的全文内容进行索引并提取相关内容信息。在数据挖掘的前期准备中，文本的分词具有至关重要的作用，是数据挖掘的一个基础，分词过程所产生的相关词能够作为索引的一部分，组成档案检索的信息来源。

三、档案内容的整合呈现

在档案利用方面，目前主要是以目的为导向进行利用，档案工作者或档案管理系统通过利用者的目的提供相应档案。这种利用形式是在目的和档案间建立单一的联系，当用户的目的单一、表达明确、不涉及范围时，现有的方案则能够满足用户的需求。但是，当用户的需求不再涉及具体某一档案，而是需要某类档案时，这种方案并不能起到很好的作用，原因在于档案主题与档案之间没有建立起多重联系。例如，在档案编研时需要关于某一主题的所有档案，相关人员一般会凭借大概印象寻找这些档案，因此可能遗漏许多档案，如果能够将档案和主题联系起来，就能解决很多不必要的麻烦。由于经历长时间积累，部门机构的档案不在少数，以人工的方式完成这一任务显然不可行，但是依靠数据挖掘技术却能较为容易地完成，相关人员只要辅助参与即可。档案数据挖掘除了能够将档案及其主题联系起来，还能将档案的其他属性和档案联系起来，主题只是档案的一个属性,其他的属性,如类别、价值等都能与档案建立起联系，从多种维度综合展现档案的内容。

四、档案鉴定的科学规范

档案鉴定中为何鉴定、为谁鉴定、谁来鉴定、如何鉴定等问题一直困扰着众多档案工作者，在各个方面都颇有争议。在鉴定目的上，实体馆藏数量和库房容量的冲突与档案利用是主要的两个原因，前者是推动传统档案鉴定的直接诱因，由于档案数据挖掘立足于数字档案，其存储依赖计算机存储设备，理论上可实现海量存储，所以以实体馆藏数量基本上对档案鉴定没有直接影响，档案利用才是档案鉴定的主要目的。档案利用是包括文件形成者和社会公众在内的所有用户利用档案的过程，利用时在必须保证档案固有特点的同时提高档案的利用效率，即保证用户在最短的时间内获取和其目的相符最多的档案，因此既要确保用户所有的档案包含在档案鉴定的结果范围内，又要缩小档案基数。那么，如何在缩小基数的同时又尽可能保全用户所需的档案呢？目前，针对档案鉴定的人员主要有行政官员、文书工作者和档案工作者三类，鉴定的过程也紧紧围绕着公正、现实意义等展开，对具体如何鉴定并没有统一看法，仍然存在一定的争议。档案鉴定中矛盾的产生源于对鉴定看法的不同，导致最后的结果也不尽相同，势必会影响部分档案保留与否。如果想要将这部分档案所受的影响降至最低，只需保留所有人的意见即可。由于档案利用最终是面向用户的，用户的意见也应包括在内，而用户的意见基于自身需求的条件产生，需求具有不确定性，未来的需求更是无法预料，导致收集用户意见无法实现。综合来看，最好的决策是弱化传统档案鉴定的结果，由相关人员以评级的方式进行处理。对于传统的纸质档案，这种方法具有非常高的成本，但是在电子文件方面，则并不难实现。在档案鉴定的前期，只需利用部分档案作为训练样本，由不同的人员根据不同的鉴定原则筛选相关档案，之后在数据挖掘过程中由计算机根据这些档案的特点对口后将需要鉴定的档案进行自主处理即可，为保证结果的科学合理性也可由相关人员辅助参与，共同完成档案的鉴定工作。

第三节　设计原则

一、数据前提原则

数据挖掘虽然在一定程度上能够解决异构数据所带来的问题，但是并不代表数据挖掘对数据没有任何要求，数据前提原则在档案数据挖掘上具体表现为以下几点。

①数据所满足数据挖掘的要求，具体的最小数据并没有在相关文献中提到．根据 Scikit-leam（Python 平台的一个数据挖掘开源库）开发组的建议，数据挖掘的最小数据量为 50。显然数据最越大，最后的结果越令人信服。

②保证所用数据的质量，即数据能够反映自身的信息。这一点在档案数据挖掘上特别重要。基于档案管理的相关要求，很多机构都会对纸质档案进行数字化，但是数字化产生的文档通常不能用于数据挖掘。因为数据挖掘所用的是文档中的文本数据，而数字化文档经过 OCR 后并不能还原最初的文本数据，经常出现乱码和错别字等情况，所以档案数据挖掘所用的数据必须来自含有正确数据的电子文件。

③数据间应有一定的特点差别，不能具有同一性。诸如基建档案中的图纸类数据等就不符合这一要求。由于基建图纸类数据是通过建筑设计软件产生的专业领域数据，所有图纸几乎都是由线条构成的，在颜色、轮廓等方面没有明显的区分，特点非常不明显。因此．这类数据应该排除在档案数据挖掘得范围之外。

二、需求导向原则

档案数据挖掘应以用户的需求为导向，立足于满足档案管理活动相关人员的普遍需求，同时应将未来可能出现的状况考虑进去，做到出现问题及时应对。档案数据挖掘主要以电子文件为对象，一旦进入无纸化时代，整个社会的信息流将大大加快，单位时间内产生的电子文件将急剧增加，会直接增加档案管理的压力，不仅给档案管理系统的稳定性带来挑战，也影响着整个工作流程的可持续性。由于档案管理从档案收集、整理、著录、保管、鉴定到利用都是有秩序的流程，任何一个环节出错都可能导致后续档案工作无法正常开展，所以在档案数据挖掘设计时，势必要将各个环节人员的需求都考虑进去，以保证管理的有条不紊。

三、成本效益原则

和大部分的信息系统一样，档案数据挖掘系统的开发也需要投入大量的人力、物力，以及充足的资金加以维持。由于可供规划使用的资金并不是很多，所以在档案数据挖掘投入上应量力而行，在满足大多数人需求的情况下尽量降低研发所需要的资金。同时，资金的支持与其产生的效益相关，如果一个项目不能产生明显的效益，那么对于整个机构而言，这就是一个失败的项目，其成功申请到资金也是非常困难的。因此，在档案数据挖掘的研发上应更偏向档案利用的目的，高效利用过去所产生的所有文件，在文化产品、辅助决策等方面都可以发挥档案应有的作用。

四、档案保护原则

数据挖掘的数据来源是档案，但并不意味着要使用原始数据。对于档案而言，原始数据有且只有一份，即使是拷贝后的电子文件，从数据的性质而言，该数据也不是原来的数据。在档案数据挖掘的过程中，必须用到档案数据，因此整个过程可能会带来不可逆的后果。如果档案数据遭到损坏，那就意味着整个档案管理的流程将重新进行。考虑档案数据挖掘的效率，数据出现损坏的情况必须降至最低，挖掘使用的数据应来源于原始数据的拷贝，同时要对使用的拷贝数据进行备份，避免拷贝数据出现问题后对原始数据频繁读写，以降低过程中可能产生的数据风险。

第四节　应用实践

一、档案元数据整合

元数据是用于描述数据的数据，目前除文本数据等少数类型的数据挖掘外，大部分数据挖掘仍基于具有结构特性的数据，如时间序列、数量特点等信息。在实际的工作中，档案著录已经包含了众多著录项，如《档案著录规则》（DA/T18—1999）明确规定了27个著录项，其中包括13个必须著录的项目，相当一部分元数据可用于数据挖掘。然而，除了必须著录的几个项目外，一般机构很少会对剩余部分进行补充，而在数据挖掘过程中，如果分析所用的元数据种类越多，越能获得可靠的信息，因此无数据采集变得尤为重要，但从成本可行性的角度考虑，前期采集任务投入是巨大的．此时有必要对文本内容进行语义分析，通过数据挖掘由计算机自动完成部分元数据著录。在数据挖掘模型构建前，可以事先制订一个可扩充的元数据集，如表12-1所示．需要整合的元数据应涵盖档案分类整理、保管鉴定和开放利用等主要活动，具体可包括档案基础类元数据、档案扩展类元数据、个体特点类元数据和档案评价类元数据。

表12-1　元数据类别及其构成

元数据类别	构成
档案基础类元数据	《档案著录规则》（DAT 18-1999）中规定的元数据
档案扩展类元数据	①对象：人名、性别、年龄、职位、机构等 ②事件：时间、地点、类别、事件重要程度以及事件主题等
个体特点类元数据	①文件产生者：姓名、性别、职位、机构等 ②档案工作者：姓名、性别、职位、机构等 ③普通公众：姓名、性别、年龄、利用目的、利用时间等
档案评价类元数据	评价人、满意度、重要程度、最高评分、最低评分、平均评分、方差、利用率等

（一）档案基础类元数据

档案基础类元数据是为了保证档案的基础工作开展，即使未使用数据挖掘技术也能进行相关服务，基础类元数据必须具有稳健性，并不能视情况而改变，因此这类元数据可使用《档案著录规则》中规定的内容。《档案著录规则》(DA/T 18-1999)曾规定过一些元数据,分别为正题名、并列题名*、副题名及说明题名文字*、文件编号*、责任者、附件*、稿本与文种项、稿本*、文种*、密级与保管期限项、密级*、保管期限*、时间项、载体形态项、载体类型*、数量及单位*、规格*、附注与提要项、附注*、提要*、排检与编号项、分类号、档案馆代号*、档号、电子文档号、缩微号、主题词或关键词(*为选择著录项目)。其中,部分必须著录的元数据对于一般的档案机构来讲都应具备。

(二)档案扩展类元数据

档案扩展类元数据是用于描述档案内容的元数据,主要为分类整理、保管鉴定、开放利用等档案管理活动服务。与基础类元数据相比,档案扩展类元数据更侧重档案的内容特点。在档案的产生过程中,主要涉及对象和事件两个因素,其内容至少会围绕其中一个因素展开,因此又可细分为对象类元数据和事件类元数据。对象类元数据为描述对象的元数据,假设对象为人时,依据人的属性,可将元数据扩展为人名、性别、年龄、职位、机构等项,在有与对象相关的外部数据库时,部分元数据则可直接调用;事件类元数据为描述事件起因、经过和结果的元数据,依据事件的属性,可扩展为时间、地点、类别、事件重要程度、事件主题等项。

(三)个体特点类元数据

个体特点类元数据是对涉及档案管理的相关个体描述,包括文件产生者、档案工作者和普通公众。个体特点类元数据用于探索性分析,文件生产者元数据可用于诸如档案基础元数据中整理等信息的自动著录,档案工作者的元数据可辅助参与档案鉴定等活动,两者的构成可包括姓名、性别、职位、机构等因素,而对于普通公众的元数据,这类元数据分析可用于提供针对性个性化服务,提高档案服务水平,依据普通公众的特点可将其概括为姓名、性别、年龄、地区、利用目的、利用时间等。由于档案馆档案利用规定,普通公众在利用档案时必须出示能证明本人身份的证件,因此对于个人基础数据收集并不难实现。

(四)档案评价类元数据

档案评价类元数据是用于对档案各个维度进行评价并做辅助决策的相关元数据,主要为评价指数,在档案保管鉴定、开放利用的过程中,档案对于普通公众和鉴定人员都有不同的重要性,因此此类元数据只能反映平均水平,所设立的元数据包括评价人、满意度、重要程度、最高评分、最低评分、平均评分、方差以及利用率等，具体数据可来源于参与档案活动的个体，同时最后用于存储的部分数据为计算过后的结果，如平均评分、方差等数据都是在有一定基数的前提下才计算出来的。

二、档案库的设计

（一）档案需求分析阶段

数据库设计的前提是了解用户的实际需求，需求分析是整个设计过程的重中之重，分析结果的好坏则关系到整个数据库设计的成功与否。需求分析的任务是通过调查现实世界的对象，根据实际工作中的流程确定用户的需求并开发符合相关人员工作要求的系统功能，需求分析必须满足信息要求、处理要求和安全完整性要求，其中后两个要求和档案数据挖掘关联并不是很紧密，其主要偏向系统主体功能完成后的细节改善，如处理效率等。因此，档案的数据挖掘应更关注信息要求。信息要求指的是用户从数据库中获取的数据能反映用户需求中包含的信息内容与性质，该要求直接取决于档案数据的来源。在数据来源方面，信息要求中所规定的信息直接来源于档案数据挖掘的应用需求，用户的需求决定最后收集的信息。从参与档案管理活动的个体来看，需求分析阶段的用户主要分为文件产生者、档案工作者和普通公众三类。在档案管理活动中，文件产生者产生的电子文件在归档时，经过信息分离将文件的内容和属性分开并临时保存，而后档案上作者对该文件的属性数据和内容数据同时进行收集，并对文件进行分类和著录，然后在文件属性的基础上补充规定中所缺失的元数据，在具有一定数量的训练样本的情况下也可由计算机通过数据挖掘自动进行分类和著录。之后分别建立数据库对元数据和文本数据进行存储，待以上过程完成之后，可供普通公众开放利用。在档案利用阶段，应建立用于存储普通公众利用满意度等相关评价指数的数据库，经由反馈系统将信息返回至档案数据挖掘过程，结合数据挖掘中与档案鉴定相关的功能重新更正数据库中的数据，并重新返回至档案利用过程。

（二）概念结构设计阶段

概念结构是对现实世界的一种抽象描述，数据库的概念结构设计是根据需求分析的结果，将用户对数据的需求综合成一个统一的概念模型，能真实、充分地反映现实世界。该模型要求不仅能够反映物与物之间的联系，而且必须能够满足用户对数据的处理要求。概念模型构建可利用自底向上的方式来完成，从每个个体基础的工作环节入手，而后将所有细小环节整合成一个完整的工作流程。首先，应对现实世界的实体进行抽象化处理；其次，在档案管理活动中，涉及的实体主要为人（文件产生者、档案工作者、普通公众）和事物（档案）。每个实体都具有相应的属性，如人具有姓名、性别等属性。根据现实的工作流程可在各个实体间建立相应联系；最后，形成一个基本的 E-R 模型，属性可根据相关元数据设立。需要指出的是，档案元数据为元数据集合，包括档案基础类元数据和扩展类元数据；文件内容和文件属性为一个文件的两个部分，这里将其分为两个实体是为了更直观地表现档案数据挖掘的基本步骤。

（三）逻辑结构设计阶段

逻辑结构设计是把概念结构设计阶段设计好的 E-R 模型转换为相应的逻辑结构，并且该结构能够被数据库管理系统所支持，如关系型数据库必须用二表格模型，其逻辑结构应符合该模型。以文件产生者产生文件属性的过程为例，文件产生者的实体转换成的关系模式为"文件产生者（文件产生者 id、姓名、性别、职位、机构、其他）"，其中"文件产生者 id"为具有唯一标识的关键。同样的道理，文件属性的实体转换成的关系模式为"文件属性（文件 id、创建人、创建 H 期、类型、其他）"；产生过程转换成的关系模式为"产生（生产者 id、文件 id）"。因此，1：n 的联系将实体合并后产生的关系模式为"文件产生者（文件产生者 id、姓名、性别、职位、机构、其他、文件 id）、文件属性（文件 id、创建人、创建日期、类型、其他）"，两个实体通过"文件 id"建立联系。在其他实体间的联系建立完成后，得到的关系模式总结为表 12-2。

表12-2　关系模式

联系	关系模式
文件产生者—产生—文件属性	文件产生者（文件产生者id、姓名、性别、职位、机构、其他、文件id）
	文件属性（文件id、创建人、创建U期、类型、其他）
档案工作者—收集—文件属性	档案工作者（档案工作者id、姓名、性别、职位、机构、其他、文件id）
	文件属性（文件id、创建人、创建日期、类型、其他）
档案工作者—分类著录—档案元数据	档案工作者（档案工作者id、姓名、性别、职位、机 构、其他、文件id）
	档案元数据（档案id、档号、门类、时间、其他）
普通公众—利用—档案元数据	普通公众（普通公众id、姓名、性别、年龄、其他）
	档案元数据（档案id、档号、门类、时间、其他）

联系	关系模式
普通公众—反馈—评价指数	普通公众（普通公众id、姓名、性别、年龄、其他）
	评价指数（评价id、满意度、其他）

在数据库的逻辑结构设计阶段，逻辑结构的设计是针对关系型数据库而言的，所以每个联系都能转换为具有稳定结构的二维表，日志数据库表结构更改的可能性较小，上述关系模式表中列举的是能够在关系型数据库中存储的数据，主要为元数据整合中的档案基础类元数据、个体特点类元数据和档案评价类元数据，而档案扩展类元数据并不适用此方法，原因在于档案扩展类元数据的灵活度较大，不具有稳定的结构，如对于文书类档案，档案的内容偏向于具体的事件，包含事件发生的时间、地点和人员等，而对于会计类档案，档案的内容则偏向于与会计活动相关的数据等，无法再用发生的时间、地点、人员来表示，因此档案扩展类元数据的结构无法准确定义，应采用 JSON（一种轻量级的数据交换格式）等格式表示，并保存至文档型数据库。同样的道理，关于文件内容部分的联系也不适用该方法，需要采用与档案扩展类元数据相同的处理流程。

（四）物理结构设计阶段

数据库的物理结构设计就是根据需求确定合理的物理设备存储结构和数据存取方法。通俗地讲，就是减少物理存储空间的占用，提高数据操作的速度。在关系模式存储方法的选择上，可供参考的有索引方法、聚簇方法和 HASH 方法，三种方法各有优劣，出于对数据库维护的方便性考虑，采取索引方法中最为常见的 B+ 树索引方法即可。索引存取实际上就是根据系统开发应用要求确定对哪些属性建立索引、组合索引等，并同时设计出唯一的索引。根据逻辑结构设计阶段的关系模式，id 类数据是连接各个实体的必要参考，是必须建立索引并且为唯一索引的，其余的元数据也可根据使用的频率考虑是否建立索引，但是索引的数量不宜过多，否则会占用较大的存储空间。在数据库存储结构的确定上，最重要的是考虑数据的存放位置和存储结构，需从存放时间、存储空间、利用率和维护代价等方面进行综合考虑。一般情况下，具体的操作实践是根据应用情况将易变与稳定、存取频率高和存取频率低的数据分开存放。结合逻辑结构设计阶段的内容，档案基础类元数据、档案评价类元数据属于稳定、存取频率高的数据；档案扩展类元数据、文本数据属于异变、存取频率高的数据；个体特点类元数据属于稳定、存取频率低的元数据，因此可以建立三个数据库用于存放相应的数据。档案基础类元数据、档案评价类元数据、个体特点类元数据由两个关系型数据库负责存储，档案扩展类元数据、文本数据由结构能灵活调控的一个文档型数据库负责存储。

（五）数据库的实施阶段

数据库的实施阶段主要指完成选择数据库、建立数据库、数据载入和应用程序调试等工作。首先，应确立具体使用哪类数据库。其次，确立具体选取哪个数据库。在关系型数据库的选择上，市场占有率较高的主要有 Oracle、Microsoft SQL Server.MySQL；从稳定性来看，从高到低依次 Oracle、Microsoft，SQL Server，MySQL；从购买成本来看，从高到低依次为 Oracle、Microsoft、SQL Server.MySQLo 具体选择哪个数据库可根据机构自身的经济实力并结合其他因素加以考虑。在文档型数据库的选择上，根据 DB-Engines 的数据，目前市场上的文档型数据库有 MongoDB、Amazon DynamoDB、Couchbase、CouchDB、Microsoft Azure CosmosDB，其中，MongoDB 的市场占有率远高于其他几款。同时，如果考虑维护的成本，文档型数据库可以选择 MongOD，在数据库选择工作完成之后，建立数据库、数据载人和应用程序调试等任务可根据实际的系统要求来进行 . 在此不再赘述。

（六）数据库的运维阶段

由于系统需要经常更新才能保证安全高效，在数据库运行阶段，软硬件故障随时都可能发生，因此在实际使用时必须做好数据备份的工作，以防数据丢失，避免造成业务无法开展。同时，相关人员对新系统熟悉需要一段时间，期间应及时做好相应的培训工作。

三、档案数据的预处理

（一）数据预处理原则

在数据预处理的原则上，根据档案数据结构性的不同，数据的预处理应采取的方式也不同，常用的方法主要有数据清理、数据集成、数据变换、数据归纳等。但是无论采用哪种方法，数据的预处理都应以目的性和可行性并行为原则。针对结构化数据，数据预处理的方法在很大程度上是通过数学运算实现的，处理后的目的也较偏向于数据分析等方面，由于档案数据挖掘是为档案相关活动过程服务的，如果结构化数据预处理后的目的为数据分析（此处的数据分析为最终目的，而非实现档案数据挖掘目的过程中所用的数据分析方法），则该过程不涉及档案活动，在应用范畴上则属于统计学的领域，对后续的档案工作帮助不大，所以在档案数据预处理的方法上应有所侧重，使之更符合档案业务的特点。针对非结构化数据，考虑目前数据挖掘技术的限制，除文本类的数据外，其他可被计算机识别的图片、音频、视频等数据仍不能很好地进行数据挖掘，因此出于成本效益的考虑，在数据挖掘过程中可将除文本以外的其他类型数据剔除，只保留数字档案中的文本内容，并进行相关处理，使之转化为半结构化数据。

（二）数据预处理实施

首先，由于档案数据的特性主要在于描述，而非衡量，所以在结构化数据的预处理上只需进行数据集成和数据清理即可。在文件产生者产生文件的过程中，文件自身会附带许多属性，档案工作者在著录的过程中可将相关属性转换为可供利用的元数据，同时应聚集在数据挖掘过程中产生或重新更正的元数据，这整个过程为数据集成。数据集成工作完成后，需要对档案数据进行清理，主要从缺失值、错误值和噪音数据几个方面入手。在缺失值的处理上常采用忽略、删除、填补的方法。其中，删除是将某一项记录连其所有属性全部删除，由于档案数据在一定程度上没有达到大数据的程度，包含的数据量仍然较少，采用删除的方法则会导致数据大量丢失，所以该方法不适用于档案数据。预处理前期可采用忽略的方式，即放置不管，中后期可采用"人工辅助＋数据挖掘自动填补"的方法进行处理。在非结构化数据处理上，一般流程为文本提取—分词处理—特征提取。

1. 文本提取

将文件内容中除文本以外的其他类型数据进行剔除，只保留文本数据，数据挖掘在图片等其他非结构化数据上的处理能力有限。

2. 分词处理

常用的分词算法主要分别基于以下三种元素：词典、理解和统计。基于词典的分词算法是通过匹配机器词典中的字符串判断是否有该词，其准确率取决于机器词典的大小；基于理解的分词算法是根据语句中句法和语法的构建特征判断是否有歧义词的出现，如果歧义词出现，则利用相应对策加以解决；基于统计的分词算法是基于语料库建立分词模型，计算各个分词在模型中出现的概率，而后将概率最大的分词作为最终结果，该过程通过监督学习或无监督学习进行，并不断完善模型，其准确率和语料库有一定关系，语料库一般由人工标注完成。档案数据预处理的具体选择需要考虑档案数据的特点。由于档案文本内容大多数情况下都为书面化表达，文字上具有规范性，因此对档案内容的中文分词宜采用基于词典的分词算法和基于统计的分词算法相结合的方式。前者可以帮助提高准确率和减少人力成本或者可以拓宽领域适用性（档案涉及的领域较广，每个行业都会产生档案）；后者可参考《中国档案主题词表》，该词表中包含了档案行业相关的大部分词汇。

3. 特征提取

每个文档（此处的文档为算法中的特定词汇，就是上文的文件）都是一个向量，其分量就是文档中出现的每个词的频率，因此一个小篇幅的文档也会出现成百上千的分量。所以我们不能纯粹地把词出现的频率作为权重，而应结合停用词表（包括虚词、标点、部分实词等）进行关键词特征提取操作，去除停用词以提高数据预处理的效率。特征提取分为特征选择和特征抽取两类。前者指的是从原有的特征中提取出少量具有代表性的特征；后者是在原有特征的基础上重构新的特征。两者的本质区别在于特征选择而没有创造新的特征空间，仍然是原来的那部分词，而特征抽取会重构新的特征空间，最后的结果可能为一些新词。为了尽可能还原档案的原始内容，可以采取特征选择的方式。根据不同的特征选择和权审计算方法，文档会变为不同的向量空间模型，常用的处理算法有 DF、TF-IDF，互信息、期望交叉法、信息增益方法、遗传算法、模拟退火算法和 N-Gram 算法等。

（三）数据预处理评估

在特征提取过程中，提到常用的一些算法。这些特征选择算法实质上是以数学的方式进行评估可能出现结果的优劣，其中的数学方式就是构建评估函数，因此评估函数的好坏决定了特征提取的最终效果。根据评估函数的特点，可将特征选择算法分为两类：类间相关评估函数和类间不相关评估函数。类间相关评估函数会基于已定义的所有类别综合考虑相关词出现的情况，相近类别的区分度能够得到一定提高，常用的特征选择算法有期望交叉，嫡、互信息等；而类间不相关评估函数是基于该文档直接判断相关词出现，而不考虑类别的情况，常用的特征选择算法有 DF 等。两类特征选择算法各有优劣，类间相关评估函数能区分类别，但是仅限于区别已定义的类别，对未定义的类别则无能为力，而类间不相关评估函数在特征词出现交叉或相近时，会出现很多相似的词条，造成难以区分类别，并且类间不相关评估函数对分类词表的要求较高，需要花费大量的人力构建。从档案工作的实际考虑，一般档案机构的人力有限，通过分类词表构建庞大的训练集显然不具有可行性，同时类间不相关评估函数要求特征在统计学上满足独立性，而现实中这一条件很难满足，因此档案数据的特征提取宜采用具有类间相关特点的部分算法。

四、档案数据文档建立

档案数据文档是一种独立于档案实体，用于描述档案内容及其相关信息的数字文档，其建立的目的是维护档案元数据并保证数据挖掘过程的高效性和可行性，避免数据挖掘过程中与其他数据库频繁交互。档案数据挖掘的对象主要涉及元数据和档案文本内容，而数据文档中数据的来源同样来源于这两个部分，由结构化的数据与半结构化的数据构成，即档案元数据和特征向量（经处理过的档案文本内容），最终是以半结构化的数据呈现。由于前期著录阶段的档案元数据并不完备，在实际运行过程中需要不断更新该数据文档，为了维持关系型数据库的稳定性，建立后的数据文档只有在稳健的情况下才能用来更新元数据，因此数字文档地建立可使用灵活扩展的 JSON 格式，其存储可使用能识别 JSON 数据的文档型数据库即可，使用 JSON 格式而非 XML 的原因在于 JSON 更加轻量化，能更方便地用于数据交换，对于系统处理，JSON 的效率相比 XML 更高，而且系统在将非结构化数据转换为半结构化数据的过程中会产生大量负荷，因此 JSON 更适合用于建立数据文档。JSON 数据以档案 ID 为唯一区分度，将四类元数据作为该档案的共同组成内容。在实际的业务开展过程中，经常会出现以个体信息为关键词查询档案操作，其中就产生了个体档案的联系。为了避免此联系带来业务上的不便性，如果涉及个体和档案间的单向联系，可在系统开发时设计相关的调用功能，如返回某个用户使用过的档案（个体—档案）。虽然直接从数据文档中查找档案 ID 与其共同出现的用户 ID 也具有操作的可行性，但是在时间复杂度上远高于直接从相应数据库中调用数据。因此，对于这类不以档案为主体的需求可直接通过调用数据库中的数据加以解决。

五、区块链技术的应用

（一）区块链概念综述

1. 什么是区块链

区块链指的是一种链式的数据结构，其中链上每个区块以时间顺序相连，利用密码学等进行数据交换和存储；而区块链技术是指不依赖第三方，通过自身的分布式节点进行数据交换和存储的一种技术方案。

2. 区块链的特征

区块链技术作为比特市的底层技术，具有去中心化、不可篡改性、可追溯性、开放性和匿名性的特征。

（1）去中心化

由于使用分布式核算和存储，没有集中的硬件或管理组织，所以任何节点的权利和义务都是平等的。区块链中的数据块由节点进行共同维护，而节点的罢工并不会对系统的整体运行产生任何影响。

（2）不可篡改性

一旦信息被验证并添加到区块链，它将被永久存储。单个节点上的数据更改将被视作无效，除非系统中有超过一半的节点同时受到了控制。因此，区块链的稳定性和可靠性极高。

（3）可追溯性

区块链是相互关联的数据结构链，链上的信息按时间顺序排列，任何数据都可以按时间顺序追溯到原始数据源，从而产生区块链的可追溯性。

（4）开放性

除私人信息外，区块链上的数据对所有人开放，任何人都可以通过开放的界面进行区块链数据查询，并开发相关应用程序。因此，整个系统上的信息高度透明。

（5）匿名性

区块链采用非对称加密等技术，每个节点将私钥作为对应的公开密钥。在信息传送时，不需要验证双方真实身份，只需验证有效签名即可，因此具有匿名性。

3.区块链的关键技术

区块链技术不是一个单项的技术，而是一个集成多方面研究成果基础之上的综合性技术系统。关键技术包括以下几种：

（1）共识机制

共识机制指的是多个节点间可以跳过中央机构验证某一数据，参与者在共同认可的规则下达成一致。如果要修改某个数据，就必须修改该区块以及后续块的信息。共识机制不仅可以作为一种识别手段，而且可以避免虚假交易和信息篡改。

（2）数字时间戳

数字时间戳是一个经加密后形成的具有标准格式的电子文件。用户将加密后的文档摘要发送到数字时间戳给予中心（CA），由 CA 加盖时间戳并进行加密，之后返还给原用户。它可以验证自添加时间戳以来内容是否被修改。

（3）非对称加密

非对称加密指的是在信息传送过程中，用户使用一组配对的密钥，公钥用来加密，配对的私钥用来解密，私钥必须由发送方保密，并且只能由指定人所有。

（二）区块链用于档案管理的 SWOT 分析

1.优势分析

（1）加强档案管理主体治理职能，提高档案信息处理效率

区块链的共识机制将每个主体联系在一起，提供合作的平台。同时，系统中的数据块由所有具有维护功能的节点共同进行维护。换言之，任何人都可以是档案的管理者。如此使档案管理的主体变得多元化，在加强档案管理主体治理职能的同时，提高档案信息的处理效率。

（2）丰富档案资源，解决档案收集难、鉴定难的问题

区块链的去中心化特点和档案的分散性在某种程度上具有高度一致性，某一链上的节点主体在上传信息后，其他节点的所有主体都能够及时看到该信息，同时任何主体都可以上传和访问该档案信息，大众参与方便且成本低廉。这样一来，一方面可以解决因档案过于分散而收集困难的问题，大大丰富了档案资源；另一方面可以方便快捷地实现档案更新与补充，也使信息征信存疑等档案信息处理问题得以解决。

（3）保证档案的安全性、真实性和完整性

区块链具有去中心化特点，采用共识机制、数字时间戳和非对称加密等技术，使之能够记录下任何外部攻击数据的行为。同时，以往电子档案存在易被修改的弊端，相关人员利用这一缺陷，对档案信息随意进行篡改或伪造，破坏档案的真实性和完整性，而区块链的不可篡改性使数据高度可靠、信息价值唯一，因此保证了档案的安全性、真实性和完整性。

2. 劣势分析

（1）区块链在技术上存在限制

例如，在区块链金融方面，区块链交易的频率低、速度慢，只能实行逐笔清算，并不能处理复杂的执行逻辑。区块链应用于档案管理也将面临数据处理速度过慢的问题。此外，应用程序的前期准备还将涉及现有 IT 系统的相关问题，这是一个复杂的设计过程，往往要消耗较多的人力和物力。

（2）区块链在安全上存在风险

区块链的安全性是以大量的可信计算节点为基础的，确保在其发展之前不会受到来自外部的数据攻击，这是一大挑战。当计算节点的数量过少时，会出现有 51% 的节点容易被攻破的情况，区块链的安全性不能得到保障。虽然在理论上大概率不会有这种情况出现，但是不能绝对避免小概率情况的发生。同时，链上的记录有被推翻的风险，所以不能完全确保区块链就一定是安全的。

（3）档案的保密性原则与区块链的去中心化特点相悖

档案的集中化管理有利于档案的集中建设，它有效地避免了权利的确认问题，一般按照档案的产生主体进行档案移交和统一进馆管理，并且大多数档案需要用户主动进行查阅才能进行阅览利用。档案的开放数量有限，而区块链具有多重主体，权利确认不明确。除了部分私密档案外，任何人都可以对档案进行修改和管理。换言之，档案的主体众多，同时档案的开放数量大大增多，弱化了档案保密性原则的存在。

3. 机会分析

（1）信息技术发展和国家政策支持

在信息化时代背景下，为了推动区块链技术的发展，工业和信息化部于2018 年 5 月发布了《2018 年中国区块链产业发展白皮书》，主要介绍了区块链发展的现状等，深入研究了区块链技术在金融领域和实体经济中的应用，与

《2016 中国区块链技术和应用发展白皮书》相比更为具体。

（2）效率提高，整个行业成本下行

区块链技术的去中心化和开放性特征使档案管理变得更加方便快捷，任何人都可以是档案的管理者，这提高了档案管理工作的效率，节约了成本，与档案管理的电子化类似，从纸质档案管理到电子档案管理的转变节省了大量的人力、物力，区块链一旦被大范围应用于档案管理领域，整个行业的效率将得到大幅度提升，管理的成本也将随之下降。

（3）有一定的制度标准和成功应用的经验

工业和信息化部中国电子技术标准化研究院于 2018 年 12 月组织制定了《区块链隐私保护规范 X 区块链智能合约实施规范》《区块链存证应用指南》《区块链技术安全通用规范》四大团体标准；国家互联网信息办公室于 2019 年 1 月发布了《区块链信息服务管理规定》。同时，在政府管理、边境管制、国土安全、医疗卫生、供应链管理、网络服务、人力资源以及不动产交易等方面纷纷涌现区块链的成功应用案例。

4.威胁分析

（1）开发和推广的门槛相对较高

区块链对计算资源和存储资源的需求很大，一般的企业公司没有能力应用区块链，其开发和推广的门槛也相对较高。要想做好它需要投入大量资金对相关系统进行研发，但是目前很多单位没有能力承担此项费用。

（2）数据写入的交易成本较高

存储在区块链中的信息都是以交易的形式实现的，因此每次写入数据都需要支付一定数量的数字货币作为交易费用。而档案管理人员往往会通过档案管理系统对文件进行添加、删除或者修改操作，需要交纳多笔的交易费用，因此通过区块链进行数据写入的交易成本无疑是很高的。

（3）提高效率并不等于增加利润

一般而言，区块链会提升档案机构的管理效率和盈利能力.但是在特殊情况下，提高效率并不等于增加利润。公司会在行业的竞争压力下将成本传递给客户，从而间接提升档案管理的费用。因此，区块链可能会对档案托管人的收益产生负面影响。

（4）国际上缺乏统一的行业管理标准

日前，国际上还没有统一的区块链技术监管框架，存在一定的监管风险。国内发布了一些有关于区块链管理的文件，如《区块链隐私保护规范》《区块链技术安全通用规范》等。但是各国家间缺乏统一的技术标准和行业规范，使区块链无法在档案管理领域中得到广泛应用。

（三）基于 SWOT 分析的"区块链 +"档案管理战略定位

1. 优势—机会战略

（1）构建基于区块链技术的数字档案管理系统

档案管理工作应随着时代发展得潮流，形成现代化的档案管理模式。区块链使任何人都可以上传和访问档案，人员参与方便且成本低廉。同时，多人访问有利于解决档案内容存疑问题，完善信息资源共享机制。因此，在原有的数字化管理系统的基础上引入区块链技术，构建具有区块链的数字化档案管理系统。一方面，有利于档案数据挖掘利用；另一方面，能够使档案和其他领域职能协调管理，使档案深入参与社会活动。

（2）加强区块链人才培养，引进专业档案管理人员

目前，具有档案和区块链双重背景的复合型人才较少，尤其是区块链技术人才短缺，我国政府应把握好发展机遇，加强对区块链人才地培养，建立完整的人才培养体系，要建立起校企合作渠道，在全国重点院校、科研单位和技术企业之间进行合作，加强对数字时间戳等关键技术开发，维护数字档案的安全性。各单位也要重视数字化档案，引进具有档案学和计算机等多重背景的专业人员，对他们进行入职培训，提升其业务素养和综合素质，使之遇到紧急情况时能有相应对策。

（3）抓住机遇，率先探索区块链在档案管理中的运用

要把握住区块链发展的机遇，跟上时代发展的潮流。目前，区块链应用行业广泛，如政府管理、边境管制、国土安全、医疗卫生、供应链管理、不动产交易等，但在档案管理中实际应用却不多。企业和各行政机构部门应率先探索区块链在档案管理中的应用并从中受益，从而在区块链发展的浪潮中立于不败之地，带领行业发展。

2. 优势—挑战战略

（1）加强对区块链技术发展的政策支持

对外要进行国内外合作，对内要与科技公司合作。要鼓励权威档案部门单位广泛参与国内外的区块链项目，与开展相关区块链研究的技术公司进行交流与合作，加强区块链技术开发和利用。同时，通过权威档案部门单位与科技公司有效合作，推动区块链技术在档案管理领域中的应用。

（2）加强对区块链技术发展的资金支持

目前，区块链技术还没有发育成熟。基于此的产品开发和推广门槛相对较高，想要做好区块链，就需要投入大量资金，这超出了许多单位机构的经费预算，并且对文件进行添改变动时，每次数据写入都需支付一笔费用，数据的交易成本较高，对此也需要大量资金的支持。

（3）改革管理流程，优化区块链的数据结构，开发出更好的参考数据

区块链技术使档案管理工作效率得到大幅度提高的同时节约了成本。各机构和单位部门要想从中获利，就必须要率先降低成本、开发出更好的数据，对管理流程进行改革、优化区块链的数据结构以领先以往的档案管理行业，从而获得巨大优势，将优势转化成利润，实现投资回报。

2. 劣势——机会战略

（1）制定相关法律法规，明确权利确认问题

区块链具有多重主体，关于信息上传和修改，任何人都具有权限，权利主体的确认不够明确。正如国际贸易催生《贸易法》和互联网催生《信息法》一样，区块链也会催生出加密法，即以自治的无中心代码取代立法者或法官并解决纠纷的一套规则。因此，一方面可以借鉴《电子文件归档与电子档案管理办法》《电子签名法》《计算机信息系统安全保护条例》等，对运用区块链技术、具有数字时间戳等印记的数字档案，认为其同纸质档案一样具有法律效力，将新兴的区块链技术补充添加到现有的法律法规中；另一方面可以针对区块链档案制定一部新法规，明确规定区块链主体的权利以及其他问题，如非法侵入计算机信息系统、非法获取计算机信息系统数据等。同时，要做到具有针对性、可变性和通用性，使法律较为具体，能够及时更新。

（2）结合互联网，构建其他档案管理网络渠道

在档案收集整理上可以利用网络传输速度快和信息共享效率高的特点搭建

网络信息平台，通过智能设备传输文件，从而节省人力。而且在智能设备的帮助下，可以将纸质文档数据输入到档案数据库中，这样就大大减少了工作量，同时实现了从纸质档案到电子档案的转换，使之更容易进行数据挖掘和信息资源的开发利用。

3.劣势——挑战战略

（1）推进区块链背景下的档案标准化建设

目前国内关于区块链的标准制定工作已取得了一部分进展，如工业和信息化部中国电子技术标准化研究院于2018年12月制定了《区块链隐私保护规范》《区块链智能合约实施规范》《区块链存证应用指南》《区块链技术安全通用规范》四大团体标准。但国内外尚无统一的国际性标准，如果国内外的档案管理机构采用了不同的引用周期，将会出现后续的兼容性和连通性问题，则整个行业效率都会受到阻碍。因此，我国政府应积极参与区块链国际标准和规则的制定，在区块链档案应用领域密切关注国际和地区统一标准，结合我国档案领域的实际情况，探索应用场景，明确其标准化路径。

（2）不断改进区块链技术，使之更加成熟

目前，区块链技术尚不够完善，存在着51%算力攻击、双花分差、交易成本偏高等问题。因此，可以针对这些问题提高算法的有效性和运算效率，改善链结构，并提出相应的共识算法，使其向高性能、高适应性和可扩展性的方向发展，这样区块链技术也得以日益成熟，渐趋完善。

参考文献

[1] 张水红.网络环境下图书馆档案管理工.作创新的思考 [J].产业与科技论坛，2022（02）.

[2] 付云金.高校学生档案管理存在的问题及对策研究 [J].产业与科技论坛,2022（04）.

[3] 王菲.企业人事档案管理在人力资源中的作用 [J].中国中小企业，2022（01）.

[4] 周晓林.档案管理基础与实务［M］.徐州：中国矿业大学出版社，2002.

[5] 亢云洁，康铮铮.档案管理实务［M］.北京：原子能出版社,2020.

[6] 雷婷.档案管理实务［M］.长春：吉林出版集团股份有限公司，2019.

[7] 张爱增，郭银珠.档案管理实务［M］.哈尔滨：东北林业大学出版社，2017.

[8] 李东红.新时代背景下的档案管理与创新［M］.北京：经济R报出版社，2017.

[9] 陈越华，何生荣，陈小琴.图书馆资源管理与档案服务创新［M］.北京：中国纺织出版社,2018.

[10] 朱明,图书馆管理制度与制度化管理 [M].北京：中国社会科学出版社，2018.

[11] 龚娅君,数字图书馆新媒体服务研究 [M].北京：国家图书馆出版社，2016.

[12] 张成昱，张蓓，远红亮，等,移动数字图书馆：和知识一起运动 [M].北京：清华大学出版社，2017.

[13] 杨新涯,图书馆服务共享 [M].北京：知识产权出版社，2016.

[14] 程娟，图书馆核心竞争力研究 [M]．北京：国家图书馆出版社，2016.

[15] 张浩如，图书馆营销研究 [M]．北京：国家图书馆出版社，2017.

[16] 谢丽．冯惠玲．马林青．转型身份认同过程中档案的功用—以中国农民工群体为例 [J].档案学通讯，2019（01）．

[17] 郁建兴，任泽涛．当代中国社会建设中的协同治理------个分析框架 [J].学术月刊,2012（08）．

[18] 徐拥军．省级档案机构改革的特点、影响与展望 [J].求索，2019（02）．

[19] 罗伯特·普特南．使民主运转起来 [M].王列，赖海榕．译．北京；中国人民大学出版社.2015.

[20] 土浦幼，汤彬．当代中国治理的党政结构与功能机制分析 [J].中国社会科学，2019（09）．

[21] 王佃利，王桂玲．城市治理中的利益整合机制 [用.中国行政管理，2007（08）．